だいわ文庫

世界一予約のとれない美容家だけが知っている

成功者の習慣

早野實希子

大和書房

はじめに

私の手が感じとった「超一流の人たちの法則」

本書を手にとっていただき、ありがとうございます。

私はこれまで薬剤師、内外美容研究家《セラピスト》として、男女、年齢、人種の異なる、延べ3万人の方にマッサージをしてきました。

大学で薬学を学び薬剤師の資格を得て、日本で、北里大学東洋医学総合研究所に勤務し、東洋医学と漢方に従事。その後、一念発起し、美容家を目指して渡英。ロンドンで、最先端の美容と代替医療を学びました。

ちょうど29歳のときです。

ここで英国上級国家資格を取得し、美容・健康に関する専門的な知識・技術を身につけたことが、現在のトリートメントを完成する土台になりました。

日本にとどまらず、世界で美容にかかわる仕事をしたい――東京で仕事をしながらチャンスを追いつづけ、２０１３年にようやく夢の１つであるロンドン出店にこぎつけることができました。

ロンドンはとても興味深いところです。地理、歴史、経済……さまざまな条件により、世界各国から人が集まります。

私も、ヨーロッパ各国はもちろん、アメリカ、ロシア、中東、アジア、さまざまな国籍、文化の方々とお会いしています。

現在、私のロンドンのサロンは、ハイドパークコーナーに建つオトカーコレクションの五つ星ホテル「THE LANESBOROUGH」内の会員制クラブ「THE LANESBOROUGH Club&Spa」にあります（以前はエリザベス女王の主治医を中心とするメディカルチームでつくられた「Grace Medical」を含む会員制施設の中にありました）。

セラピストになってからの15年の間、**王侯・貴族、ブランド創業一族、芸術家、政治家、女優、俳優、歌手、ファッションデザイナー、スーパーモデル、富豪と呼ばれる方々をはじめとする、さまざまなお客さまと、めぐりあうことができました。**

それまで会えるとさえ思わなかった、錚々たる方たちと出会えたご縁には、今さらながら感謝しかありません。

施術の合間にお客さまと、ちょっとしたお話をすることがありますが、他愛のない会話からも、はっとさせられるようなヒントが与えられます。

人生のヒント、生きるためのヒントと言えばよいのでしょうか。

ビジネスでの成功のヒントから愛する人への接し方まで、私自身の今後の指針となる大切なメッセージがたくさん隠されていました。

それらはシンプルなものですが、とても役に立つものです。

私は長年の施術経験からお客さまの身体に触れるだけで、その方の性格やものの見方、人生のどのようなステージにいるのかを、言葉以上に手を伝って感じとるようになりました。

人の身体は、心のベクトルに呼応するように変化していきます。私はお客さまの身体に触れることで、身体の各パーツに宿された真の声を聞きとっています。

変化がめまぐるしく、ストレスフルな現代社会。そこをサバイブしていくには、ただ上品で細いだけのボディでは、もはや通用しません。

厳しい世界で成功を勝ち得た方々には、どのような身体的な特長があるのか。
その身体に宿ったマインドには、どのような傾向があるのか。

本書でたっぷりとご紹介していきます。

ここで私が紹介する「成功者」とは、富に象徴されるような成功だけではなく、価値ある人間になる努力をし、何かを得ると同時に、何を与えるかを考え、行動している人を指します。これからお読みくださる方にとって、きっと「こんな生き方をしたい」「こんなふうに成功をつかみとりたい」というお手本がみつかるのではないでしょうか。

早野實希子

世界一予約のとれない美容家《セラピスト》だけが知っている
成功者の習慣

Contents

成功者の習慣3
幸せな成功者に見る「仕事とお金」の共通点

成功者の習慣 4

意識《センス》力のよい人にある「しなやかさ」と「情熱」

成功者の習慣 5
愛——「かけがえのないもの」とのつきあい方

Special Beauty Lesson

セルフケア&マッサージ

成功者の習慣1

チャンスをつかむ人の「二の腕」は美しい

運・縁

Opportunity

お金、縁、チャンスを呼ぶには、身体を鍛える
——すべての資本は身体

ロンドンで出会った成功者には、さまざまな方がいます。
石油などの天然資源や特許などの利権を手に入れた方。
創業一族に生まれ、代々のビジネスを受け継いだ方。
一代でゼロからビジネスを築いた方。
国家レベルの大きな変化の波に乗り、巨万の富を築いた方。

成功のパターンはちがいますが、いくつかの共通点が見られます。私は第一の共通点としてまず、**成功者の身体的な面での強いこだわり**に気づきました。

アメリカでは「肥満が過ぎると出世できない」と言われることがあります。同じく、私が出会った世界の成功者と呼ばれる方たちも、男女、年齢を問わず、鍛え上げられたしなやかな肉体の持ち主が多く、**成功の秘訣を聞けば、まず「身体を鍛えること」と答えます。**

「それで、實希子は何のスポーツをやっているの?」

私は施術中、この質問を頻繁に受けるので、はじめは何と答えるべきか戸惑いました。成功者にとってのスポーツは、ビジネスでの成功において大きな意味合いがあります。強い精神は、鍛えられた肉体に宿ります。

健康で強い肉体は、激しい競争を勝ち抜いていくための土台。原動力となる精神のタフさを手に入れるためには、身体を鍛えることが不可欠と考えているからです。

たとえば、彼らはどのように身体を鍛えているのでしょうか。

◇身体を360度で鍛え、精神の限界にも挑戦するトライアスロン

日本でビジネスの第一線で活躍する方々がトライアスロンに挑戦していることが話題になりました。たしかに、ここロンドンでもトライアスロンにチャレンジされる方は多いのです。

水泳、バイク、ランを組み合わせたトライアスロンは自身の持久力の極限を知ることができ、総合的に身体を鍛えることができるメリットがあります。

◇呼吸と向き合えるヨガ

競技ではありませんが、ヨガも人気があります。坐禅や瞑想をされる方にも共通しますが、多くの方がヨガに惹かれる理由のひとつが、呼吸を通して自分の内面と向き合える点です。

深い呼吸をしながら自分の心の状態を感じとり、また、自身の身体を客観的にみつめていく。こうすることで、「今日はこの部分にこわばりがあるな」と不調をみつけたり、自分の生活習慣を見直したりする、気づきのヒントにされるようです。

私はお客さまの身体にミリ単位を意識しながら触れたり、圧をかけたりしてマッサージしていくため、自分自身の身体の変化にはもともと敏感でしたが、ロンドンで仕事を始め、さらに意識的にトレーニングをするようになりました。

もちろん、身体づくりの要は食事ですので、まず食事を管理することで体型をコントロールしています。同時に、年齢とともに筋肉量や代謝量が落ちやすくなるなか、種々のトレーニングを組み合わせていくことで格段に自分の身体が変わるのを実感しています。

マインド、気力の点でも運動の重要性を実感しています。体力がつくことで、精神面でも粘り強くなり、精神的にかなり厳しい局面でもあと一歩の踏んばりが利くように変わったのです。

1つ注意する点は、エクササイズ依存にならないことです。

ジムで盛りだくさんのメニューをこなしすぎたり、あるいは、毎週通っていたヨガにたまたま行けないと罪悪感でイライラしてしまったり、ということはありませんか。

エクササイズは身体を鍛え、健康を保ち、精神の安定を得ることが目標です。イライラしては本末転倒になってしまいます。ぜひご自分のペースで楽しんでください。

人脈は、目力と握力で引き寄せる。幸運は「二の腕」でつかみとる

初対面の人に会ったとき、第一印象を決めるのはいったい何でしょうか。

人は相手が醸し出すオーラを感じとるものですが、そのオーラを左右するものは**まず目力です**。人種や年齢がちがっても、バックグラウンドをまったく知らない人でも、思わず目を引く人は強い目力を持っています。

まさに「目は口ほどにものを言う」です。どんなに着飾っていても、視線が左右、上下と泳いでばかりで落ち着かなかったり、相手の目を見られずに伏し目がちだったりすれば、印象の薄い人、ともすれば信頼のおけない人などマイナスの印象を残してしまいます。

ロンドンで仕事を始めたばかりの頃、今は親友となったイギリス人女性に、**「鏡の前で目から笑う練習をしたほうがいい」**

とアドバイスされました。私の仕事は第一印象が肝心です。「この人になら身体を委ねられる」という安心感を与えなくてはなりません。

「口だけでなく、目から笑って、目からウェルカムを出すようにしたら」

この言葉は、異国で初対面の相手と向き合ううえで、どんなに助けになってくれたでしょう。

また、同じセラピストの大先輩には、「あなたの向こう側に笑顔が見えるような雰囲気をつくるといい」とアドバイスされました。これは私のようなサービス業だけでなく、家族関係や友人関係にも役立つアドバイスです。

私の身近には素敵な夫婦関係を築いている女性が多くいらっしゃいますが、みんなに共通するのが、まさにこの雰囲気なのです。彼女たちの向こうには笑顔であふれる家族がいるような、あたたかいオーラが見てとれます。もちろんいろいろなトラブルもあるでしょうけれど、それを笑顔が包み込んでいます。

やはり、ネガティブで苦しそうな雰囲気を前面に出していたら、周囲の人たちも近寄りたいとは思わないでしょうから。

第一印象で、目力とともに大事なのが握力です。

欧米では、握手が大変重要なコミュニケーションツールの1つです。握手下手ではビジネスチャンスを逃すと言いきれるほど、握手が初対面での印象を左右します。好感度の高い握手は、相手の目をしっかり見て、相手の記憶に残るよう力強い握手をすること。力強い握手は、強い精神力や意志力を表すもので、男性に限らず女性もしっかりとした握手ができるに越したことはありません。

私はロンドンに渡って間もない頃、何度も握手の練習をしました。特に英語など外国語でのコミュニケーションの場では、たとえ語学力に多少の不安があっても、相手の目を見てしっかり握手することで、先方の印象は大きく変わります。

次に、良好な人間関係をつくり、縁や運を引き寄せつかみとるという点で、要となる身体のパーツが二の腕です。

私は長年施術をしていくなかで、心の持ちようが身体の各パーツに反映されるのを実感してきました。なかでも、それが表れやすいのが二の腕なのです。

成功者には適度に引き締まった、鍛えられた二の腕の持ち主がじつに多いこと。二

の腕は、引き寄せる、手繰り寄せる動きをする際の重要なパーツですが、同時に何かに挑戦したい、成功を勝ちとりたいという意欲が表れやすいパーツでもあります。

ポジティブに自分らしく生きていきたい、新しいことに挑戦したいと思ったとき、急に自分のボディライン、特に二の腕のたるみが気になったことはありませんか。

ブヨブヨとたるんだ締まりのない二の腕や、痩せすぎでギスギスした二の腕では、せっかくの運もつかみ損ねてしまいます。

運や縁を引き寄せたい、成功をつかみとりたいならば、その強い意志を感じさせるしなやかなボディを目指しましょう。そのひとつとしてぜひおすすめしたいのが、二の腕の引き締めです。

引き締まった二の腕は、来るべき大きなチャンスをつかみとろうとする強いマインドの象徴なのです。64ページを参考に実践してみてください。

成功とは何かを手に入れることではなく、「求め続けること」

私の第二の故郷でもあるロンドンは、人との出会いにおいてとても刺激的な街です。年齢、人種、文化の異なるさまざまな方と知り合いになれるチャンスがそこかしこにあります。そして、人生のチャンスはいつも人との出会いが運んできてくれると実感させてくれます。

私の友人にさまざまなビジネスを経て、現在は投資家として活躍するルシンダがいます。彼女は、アメリカ、ヨーロッパだけでなく、ロシア、中東など文化の異なるさまざまな国々で暮らした経験があります。お子さんは2人、ご主人はバイオメディカル関連の会社を経営しています。

ルシンダに成功の秘訣を聞くと、彼女らしい答えが返ってきました。

「この年齢になってようやく見えてきたのだけれど、成功というものは、じつに移ろいやすいもの。お金を手に入れたと思ったら、愛情がほしくなる。業界で一番になったと喜んでいても、世界レベルで見ればもっと上を行く企業が山ほどある。手に入れたと思ったはずなのに、視点を変えたら途端に消えてしまう。成功というと何かを手に入れることのようだけれど、私には現状に満足せず求め続ける姿勢のほうが重要。家族もそう。あぐらをかいたら途端に壊れてしまう。しかも、そこに誰かとの比較ではない心の充足がないと成功とは言えないの」

また、ビジネスでの成功にとどまらず、社会福祉活動にも熱心な友人の男性がこう漏らしました。

「成功していてうらやましいとよく言われるのだけれど、成功するまで自分がどんなに必死の努力をし、今もし続けているか、気づいてくれる人はあまりいないんだ」

成功し続けることは、決して楽な道ではないことも同時に覚えておかないといけませんね。

「私なりの幸せとは？」――
視覚化すると、実現しやすくなる

成功や幸せの定義は人それぞれです。

まず、自分の心を満たすものは何か、幸せと感じるものは何かを考え、答えを明確にすることが大切ではないかと思います。

お金でしょうか？　名誉や地位でしょうか？　それとも最愛の人に愛されることでしょうか？

自分が望む成功の形をイメージし、言葉で表現するのはなかなか難しいもの。しかし、それくらいきちんと思い描くことができなければ、実現することもできないと私は考えていきます。

他人と自分を比較することはできても、もっと奥にある〝他者との比較ではない〟自分の真の欲求に気づいていない人は案外、多いのかもしれません。自分が本当に望むものは何かに気づいていなければ、成功への道筋を描くことは難しく、ましてや心の充足を得ることはできないでしょう。

自分が本当に欲するものを明確に知るために、頭で考えるだけでなく、書くことで視覚を通して脳に刷りこむ。

これを私は実践しています。

手帳の余白でも携帯電話のメモ機能でもかまいませんが、興味・関心のあることの気づきをメモしてみてはいかがでしょうか。

仕事で成功したい方は仕事に関することを、愛情を手に入れたい方は意中の相手や理想の相手のことを、お金で成功したい方はお金にまつわることや経済のニュースなどを。

同時に、自分が幸せと感じたこと、成功したと感じたものを挙げてみましょう。

長い文章である必要はなく、箇条書きでもいいのです。イラストや写真、雑誌の切り抜きを貼りつけてもいいですね。

視覚化することで考えが整理され、他人に惑わされず、自分の本当に望むことがクリアに見えてくるでしょう。

不運を幸運に転じさせる思考法

成功者と呼ばれる人ほど、多くの困難や苦しい局面を乗り越え幸運をつかんでいる、と私は感じます。

でも常に上り調子とはいかないもので、時に不運に見舞われることもあります。事業の失敗、業績の悪化、身内の裏切り……。どん底の状況をどうプラスにするのでしょうか。

私の友人に、世界的に活躍する脚本家を夫に持つサラがいます。サラいわく、「人生はサーフィンみたいなもの」。ビッグウェーブが来るときもあれば、バランスを崩して海に放り出されることもあります。たしかに、自然の大きな力のように予期せぬ不幸に出くわすことは、避けようがないことかもしれません。

大事なのは、逆境に直面したときの心の持ちよう。

サラの夫はどんなときでも、「自分はこの逆境を乗り越える価値がある」と自分を信じるプライドが揺るがないそうです。彼は試練に対する耐性を、引き締まった筋肉のごとく身につけています。

試練という波が次から次へと押し寄せて来るとき、往々にして人はそれをハンドリングできなくなります。そんなとき、サラの夫は試練の波を全身で受け止めつつ、試練の原因を徹底的に分析し、打開策を探るのです。

結果、**不運だと思っていたことが素晴らしい幸運を引き寄せることが、しばしばある**とか。

サラもそんな夫の芯の強さを尊敬し、マイナスな状況でもナーバスにならず、常に夫をサポートすることに喜びを感じています。夫が手掛けた映画を見た人々が感動や興奮を覚えるのを目の当たりにする――そんな瞬間が生きがいだそうです。

ファッション業界の第一線で活躍するシャーロットは、スランプになると、情報、モノ、つきあいを含め、あらゆるものを極限まで断ち切ってみるそうです。不用品は捨て、惰性で続けていた趣味や娯楽はやめ、情報を遮断し、つきあいの場に顔を出すのも控えます。極限まで切り詰めると、思考が研ぎ澄まされ、アイデアを生み出す勘が戻ってくるそうです。

またシャーロットは、どんなに気持ちが落ち込んでも下を向かないそうです。心の落ち込みは身体や態度に出てしまい、無意識に伏し目がちになります。だからこそ、落ち込んでいるときほどあごを上げることを意識します。彼女は、ウエストまわりに存在感のある素敵なネックレスをあえて身につけています。そうすることにより、適度な緊張感が生まれて姿勢もよくなり、食べすぎも抑えられるというプラスαもあるとか。

あごを上げれば目線が上がり、遠くの景色まで見渡せます。遠くの景色が見えれば、その先にほのかに光るチャンスを見逃すことはありません。

そして過去の成功に執着せず、まっさらな気持ちでゼロから新たに学び、スタートすることも大切にしています。

シャーロットはいつもこう言うのです。

「だって、ファッションにリバイバルはあるけれど、やはり上手にリメイクするでしょう？　人生も同じよ」

本気で取り組む人間には、必ず「助け舟」が来る

至誠天《しせいてん》に通ず――苦しいと感じるとき、私がいつも心の中でつぶやく言葉です。苦しいときこそ、何ごとも全身全霊で取り組んできました。すると思わぬところから、援助の手が差しのべられ、困難を切り抜けることができるのです。

すぐに助けが来るというより、もうダメかもしれないというギリギリのタイミングで、上から蜘蛛《くも》の糸が下りて来て、もがいていた場所から一気に別次元にワープするような感覚です。自分でも不思議な感覚ですが、本当にありがたいと思います。

状況の推移を見守って助けを待つ、というのは意外に難しいことですが、私たち日本人はそれがとても得意なのではないでしょうか。これは世界に誇れる日本人の特質だと私は思います。

状況を見極める目も重要です。

今、目の前で起きていることが一見悪いと思えても、見方を変えれば、そう悪くはないかもしれません。

じつはその悪いとみえる出来事がチャンスの呼び水で、そこを耐え抜けば、大きな幸せが待っているかもしれません。

苦しい状況になったとき、感情的になって投げ出したりせず、自分の腹底にいったんそれを受け入れてみる。じっと耐え、時の流れにまかせてみる。すると、知らずしらずに新たな活路が見えてくるのです。

ご存じの方もいらっしゃるでしょうが、イギリスはもともとワインのもとになるブドウの生育が難しい気候でした。

20年前からイギリスでのワイナリーづくりに着手し、苦労していた友人は「これも人生と同じだね」とほほえみます。

時が流れるにつれて気候や土壌を含む周辺環境が変わり、ついにイギリスでもワイナリーを実現。このように、難しいと言われていたことも続けていれば時流が変わり、いつか実を結ぶ日を迎えることができるのです。

知恵

Wisdom

独力は非効率？
成功者に聞くプロ活用法

「何でも自分でこなそうとするのはナンセンスよ」

ドイツ人の友人スーザンは言いきります。婚活ですらプロにまかせたほうが理想の相手にムダなく最短でたどりつくからと、彼女は信頼のおけるプロのマッチメーカー（結婚相手紹介サービス）に依頼していました。

さまざまな分野にプロフェッショナルがおり、その分野での卓越したノウハウを持っています。今、成功者たちの間で流行っているのは、アンガーマネジメントと呼ばれる怒りをコントロールする術をプロから学んで身につけることです。

成功した人は、何でも自分で抱え込んでしまうのではなく、むしろその道のプロである他人をうまく使っている人が多いようです。**仕事ができる人と、何でも自分で行う人は必ずしもイコールではありません。**

成功者たちは身体を鍛えることを重視されているとお話ししましたが、そこにもう1つ加えるなら、パーソナルトレーナーなどその道のプロをフル活用し、意見を聞くことも重視されているようです。プロに聞いたほうが時間も手間も節約になるという合理的な発想です。

私も施術中にお客さまから、「今日の私の身体の調子はどう?」といった質問をよく受けます。好奇心が強く、他人の意見を受け入れることに抵抗感のないオープンマインドな精神を持った方が多いなと感じています。

また、「私のニュートリショニスト(栄養士)が」と会話にたびたび出るほど、〝パーソナル栄養士〟を活用している方も多くいます。健康の基本は日々の食事ですから、プロである栄養士が自分の食生活をどのように分析するかに関心が高いのです。

仕事やお金のことならばいざ知らず、体型などプライベートなことについて他人から意見を聞くのは、ちょっとはずかしいと思われる方もいらっしゃるかもしれません。ですが、そんなことこそオープンな心で、その道のプロフェッショナルの意見を聞くことをおすすめします。自分にはなかった視点で観察し、アドバイスをくれるメリットがあります。

また成功者たちはプロフェッショナルのアドバイスをただ鵜呑《うの》みにするのではなく、この人間は信じられるのか、プロとして的確なアドバイスをくれているのかをしっかり吟味します。

私自身もパーソナルトレーニングを受けることがありますが、1人のトレーナーの意見ばかりを聞くとその人好みの体型になってしまう可能性があります。ですから、自分の理想とする体型を頭に思い描きながら、複数の人の意見を参考にするようにしています。

解けない人生の問題はメンターに聞く

ビジネス書などで、メンターという言葉をよく見かけるようになりました。キャリアを築くなかで、迷ったときに相談に乗ってくれたり指導してくれたりする人のことです。

同じ職場の先輩がＯＪＴ（オン・ザ・ジョブ・トレーニング）の一環としてメンターになる場合もあるでしょうし、同じ業種の尊敬できる先輩にメンターをお願いする方もいるようです。

私のまわりには孤独や孤立を恐れない方が多いのですが、一匹狼で突き進むわけではなく、やはりメンターを大事にされていると感じます。自分と同質なものや賛同ばかりを与えてくれる人でなく、むしろ異質の考えを与えてくれ、視野を広げてくれる存在の人を選び、学んでいます。

私自身にも大変尊敬できるメンターがいます。薬剤師としてのキャリアをスタートさせてから、セラピスト、美容家と転身をしたので、メンターは１人だけではありません。キャリアの各ステージにおいて、それぞれにメンターがいて、今でも深く尊敬し、おつきあいをさせていただいています。自分で乗り越えられないような大きな壁を感じたとき、そんな方々からの言葉を思い出します。

29歳で現在の仕事をスタートしましたが、当初はまったく自信がありませんでした。10代からマッサージや美容の仕事を始める人も多いなか、薬剤師である私はそもそもスタートが遅く、自分の技術に不安を感じることもありました。

そんなとき、あるメンターの方に言われたことが忘れられません。

「あなたの手を信じなさい。10年後に何ができるかを考えたらワクワクするでしょ」

この一言は、今でも私を支える柱となりました。自分を信じ、自分の手を信じる。こうすればおのずと道は開けてくると今改めて思います。

もしまわりにメンターになってくれるような人がいないとおっしゃるなら、本をメンターにしてはいかがでしょうか。

私は子どもの頃、生死の境をさまようほどの重い気管支ぜんそくに悩まされてきました。ひどい発作で、子どもながらに将来に対する不安な気分に襲われたとき、本にずいぶんと助けられました。先人の書いたものや同世代の書き手が記したものがあなたの心に寄り添い、新しい道を示唆してくれるかもしれません。いろいろな本と接し、メンターとなる1冊を見つけられてはいかがでしょうか。

メンターというのは、自分に教えを説き、人生を導いてくれるだけの存在ではありません。自分もメンターのようになりたいと思ったら、その人の口グセや行動、習慣などをまねしてみるとよいと、友人のユカは話してくれました。

ちなみにユカは、「メンター」のまねをすることで幸せをつかんだとか。

ユカの友人は、まさに彼女が理想とするようなパートナーとゴールインしました。自分もそんなパートナーにめぐりあいたいと、彼女は友人の好む服装、場所、ポジティブな言動、初対面での話題などをメンターからの教えのごとく、まねしてみたそうです。すると、その熱意と行動力が実を結び、見事、素敵なパートナーと出会うことができました。メンターの活用法もいろいろなのですね。

海外で暮らすことが、人生にもたらすもの

私が初めてロンドンに来たのは、20代のときです。今は40代になり、ロンドンで仕事をしながら生活しています。日本とイギリスの往復の日々ですが、最近はロンドンにいるほうが、1人の女性として生きやすいな、と感じることが多くなりました。

ロンドンでの開業にこぎつけるまでには、さまざまな不安がありました。世界のさまざまな人種・国籍の方に施術をしていますが、残念ながら、過去に私がアジア人であることから、

「あなたの黄色い手で触れてほしくない」

とピシャリと言われたこともありました。ロンドンでの開業当初は、日本人の施術者であることに偏見を持つ人もいるだろう、と覚悟もしました。

ですが、現実はまったくの杞憂にすぎず、プロとしての私を認めてくれ、東洋的な

視点からのアドバイスをむしろ新鮮で貴重と受け入れてくれる方が多かったのは、大変うれしい誤算でした。

お客さまの呼び方についても、当初は日本とのちがいに悩みました。普段はお会いできないような称号がついている方々をどうお呼びしたらよいか考えあぐねたのです。詳しい方にアドバイスをいただき、カルテにお客さまの呼び名をうかがう項目を加えることで解決したのですが、実際はファーストネームで呼ぶことが多くなっています。当初は失礼ではないかと思いましたが、「ニックネームで呼んで」と気さくに言われることもしばしば。

アジア人であることがハンディになることはもうありませんが、お客さまの質問が多岐にわたるため、勉強は欠かせません。

たとえば「冷え症」という概念がない国の方々もいますから、その国の文化背景をひっくるめて調べたうえでアドバイスをしなくてはなりません。日々勉強ですが、新たな気づきを与えられ、成長させてもらえる環境はありがたいと感じています。

私の居場所は「今ここだけ」ではないという意識

ロンドンで生きやすいなと思うのは、**年齢をたずねられる機会がほとんどない**ことです。

サロンでは私の美容という仕事の特性上、年齢を聞かれることも多いのですが、プライベートな場面ではあまりありません。

日本では、年齢を聞かれたあと、「その年齢の女性ならば当然こうあるべき」といったイメージと比較して実際の私を評価し、次々と指摘されるという、なんともバツの悪い時間を過ごしたことがあります。同じ経験をされた方もいらっしゃるかもしれません。

結婚していないことで、マイナス。

子どもがいないことで、さらにマイナス。

減点法で評価されるのは、居心地のよいものではありません。

一方、ロンドンでは、「こうあるべき」ではなく、「ありのまま」をポジティブに受け入れてくれる包容力がありました。

「結婚？　シングルでもいいじゃない、打ち込める仕事があるから」

「子ども？　ほしかったら養子という選択肢もあるわよ」

「彼氏はいないの？　ということは、彼女がいるの？」

時にはびっくりするような言葉が返ってくることもありますが、1つの価値観に縛られない解放感があります。

また、ロンドンの街に出ると、いろいろな装いの人を目にします。

7月の初夏、薄手のダウンジャケットやダッフルコートを着ている人もいれば、ランニングシャツ姿の人もいます。ビーチサンダルの人もいれば、ムートンブーツの人もいます。

自分が他人とちがうのでは？　と気にかける必要はなく、「自分は自分」で通せばよい、ロンドンならではの空気感があります。

よく言えば、ロンドンは他人をまるごと受け入れる寛容さがあるのでしょう。悪く言えば、他人のことなどおかまいなし、無関心なのかもしれません。
ただ、私が日本で自分の短所と感じていたところも、ここロンドンでは個性、長所と評価されることが多く、励みになりました。日本では、「あの人はヘン」と切り捨てられてしまうアイデアも、こちらでは変わっている側面こそ「ユニーク」だと評価して、耳を傾けてくれる人がいます。

日本での暮らしとはちがう風を感じてみたいと思っている方、あなたを受け入れてくれる国は、もしかしたら日本だけではないかもしれません。

訪ねたい国がある方は、今度の休みに思いきって旅をしてみてはいかがでしょうか。これまでの自分が知らなかった新たな発見があるかもしれませんよ。

選択・決断

Choice

選択を迫られたときの決断のしかた

うまくいっていない状況で、さらに突き進むべきか、あるいは、いっそ退くべきか——日常生活でもこんな二択に迫られることは、ありますよね。

続けることで損失がますます膨らんでしまうかもしれません。あるいは、退くことで、今までの努力が水の泡になるだけでなく、あと少しの努力で手にできたであろう大きな成果を、みすみす取り損なってしまうかもしれません。

選択を迫られたときに、どのような行動をすればよいのでしょうか。

私が感心したのは、海外のビジネスでは、挑戦して失敗をすることは、「敗北」や「恥」ではなく、「勇敢さ」として評価される土壌があることです。

だからこそ成功者には、失敗を恐れないポジティブなメンタリティが多く見られるのでしょう。

「うまくいかなかったのは失敗ではなく、挑戦した結果である」と。

こちらでお会いする成功者には登山やハイキングを好まれる方が多くいます。それは限界を設けず、チャレンジを楽しめる精神の表れでしょう。また登山ルートやハイキングルートを考えることは、選択を迫られた際の決断力を養うトレーニングになるのかもしれません。

海外にいると日本のよさを再発見する機会が多いのですが、日本人の粘り強さ、勤勉であきらめない精神力を評価してくれる方は多く、私自身も先人のそんな精神力を誇りに感じます。

さらに言えば、**日本の先人たちはあきらめない粘り強さだけでなく、どこまで粘るかの引き際にも優れていたように思います。**

私がお会いした成功者たちも、追いかけるときの力強さ、そして撤退すると決めたときの引き際のよさに感心させられます。

強い思いで突き進んだ先に見えた景色が想像していた光景とちがったとき――。潔いまでに手放す力を持っていることに、驚かされます。

執着するのではなく、パッと思いきって手放してみて、新たな道を突き進んでいく。手放して空になった手のなかには、スペースができた分、思いもよらない大きなビジネスチャンスが入ってきやすくなるでしょう。

ただし、ダメだと思ったらすぐにやめて路線変更してしまえばよい、ということではありません。突き進むべきか、退くべきか決断をするとき、それが信念に基づく判断だったのか、それとも単なる逃げだったのかで、結果はおのずと変わってくることでしょう。

慎重派か、革命派か――大きな変化での対応力

第二次世界大戦が終わったとき、あるいはベルリンの壁が崩壊したとき。そしてコロナウイルスにより世界が混乱したとき、新たな戦争が勃発したとき。国家の体制そのものが変わり、今まで信じられていた価値観がくつがえされます。

こうした「歴史に残る多大な変化」が起こったときに、莫大な富を手に入れた方がいました。そのお客さまは、ある旧社会主義国の出身者。小さい頃は変わり者といじめられ、大人になってからも、その枠からはみ出していました。

そんな状況にありながら、彼は自分の考えがたまたま今の思想に当てはまらないだけで、いつか自分の力が生きるときが必ず来ると信じて疑いませんでした。

そうこうするうち、ソ連が崩壊。今まで教育されたことや給料をもらう方法など、社会のシステムが根底から変わりました。そうなるや、彼の独創的な考えはたちまち「武器」となったのです。

こうした「大変化」において、人々は2つのタイプに分かれると、彼は話してくれました。

・成り行きを見守る慎重派
・体制を変えていく革命派

彼はもちろん後者ですが、彼が自分に合った道を選んだわけで、どちらの道が正しいというわけではありません。成り行きを見守り、その場に留まったことで成功した人もいますし、行動を起こして成功した人もいます。

「自分が慎重派なのか、革命派なのか、どちらが成功しやすいのか、どちらのポジションをとるかを見極めることが肝心。これは仕事だけではなく、プライベートでもそう。僕は革命派だが、妻は逆に慎重派。とてもいいバランスでうまくいっているよ」と話す彼はいつも幸せそうです。

国家レベルの話でなく、少し身近なエピソードもご紹介しましょう。

私の長年の友人にこんな女性がいます。

彼女は20代の頃、会社の上司に叱責されることが多かったと言います。そこで、なぜ上司は自分にそのような態度をとるのかを分析してみたそうです。

彼女は思ったことを包み隠さず、ズバズバ口に出してしまうタイプ。反対に上司は思っていることを咀嚼《そしゃく》してから口に出すタイプ。どうやら上司は、彼女のそんな率直すぎる面を心配し、口に出す前にもう少し考えて、人の意を汲《く》んでから言葉にしてほしいと思っていたようでした。上司にとって彼女は、自分の思う「調和」を乱す、ある意味「革命派」だったのですね。

そこで彼女は、どんな会社なら自分のそんな性格を生かせるかを分析し、やがてのびのびと自分らしく活躍できる会社をみつけ、今、とても成功しています。

ただ、今さらながら当時の上司の気持ちがわかるそう。彼女もその上司から考え方の「革命」をもらったとのこと。その方がいなければ現在の自分はない、と懐かしみを込めて話します。

成功者の多くは、独創的な知性や感性を持とうとしています。自分独特の感性が生きる場所をみつける。それは会社や学校だけではなく、創作活動で発揮されるかもしれません。新しいコトやモノを生み出すことを恐れないで、自身の声や思いを今一度みつめてみよう——そんなメッセージを私は彼らから受けとっています。

感覚的か、理論的か——思考のシーソー・バランスに目を向ける

自分の強みを把握するうえで、自分が感覚的なタイプか、理論的なタイプかを考えることも1つの指標です。

・感覚的なタイプは、興味深い話題で人を引き込みますが、時に話が飛びます。
・理論的なタイプは、起承転結のある話し方をする、もしくは結論から話を進めます。

アーティストのデボラが、あるときふとこんなことを言いました。

「アートをしているからあなたは感覚的なタイプでしょう、と人から言われるのはつらいわ」

印象派であるルノワールの絵は緻密に計算されていますし、ダ・ヴィンチは科学の分野でも多くの業績がある理論的思考の持ち主。必ずしも、アーティスト＝感覚的と

いうわけではありません。

そんな彼女は、自分がアート活動をするにあたって、感覚的思考と理論的思考のバランスに悩んだそうです。

自分の思考バランスを共に生かせる場所を探し求め、ベルリン、ロンドン、ニューヨーク、パリをめぐり、結局、ベルリンに落ち着きました。

ベルリンは、以前は社会主義で今は民主主義。激動の変化の途中で人々が身につけたそのバランス感こそが、彼女の求めていたものだったとか。彼女にとって、ベルリンは絶妙な空気が流れる居心地のよい場所だと感じたそうです。

デボラの感覚と理論は、彼女いわく「シーソー・バランス」だとか。そのときどきでどちらか一方が強く現れることもあれば、両方が同じように保たれることもある。しかし、いつでもシーソーの中心にはぶれない軸が存在しているのだ、と。

さらに彼女は、この感覚的思考と理論的思考を、子育てにもとり入れています。両方の思考をバランスよく教えることが大事と考え、実践されています。

3人の子どもに何かを説明するときは、それぞれの子に対し、

「ここは感覚的に伝えたほうがいいか、理論的に伝えたほうがいいか。そして、足りない部分をどうやって補いバランスをとっていくか」

と考えてきたそうです。

私も彼女のお子さんに会ったことがありますが、幼少期から物事を見る目が非常におもしろく、ほかの人が気づかないところに価値を見出せる子どもたちだと感心したものです。

「とにかく子どもに対しては、バランスをとれるコアな部分を強く持ち、自分の力を発揮してどんな環境でも生き抜けるようにと育ててきたの。いろいろなチャンスをつかみとりやすい子になっていると思うわ」

とデボラは話していました。

「原点回帰」で未来を変える

「自分を信じることが大事」

偉大な先人たちの多くが言われている言葉ですが、「自分を信じる」とはどういうことでしょうか。

先ほどのデボラは、

自分の信念に基づいて行動に移すには自分を信じるしかない。だから時に原点に戻ることで、こうなりたい未来に毎日一歩ずつ近づいているのを自らに実感させるの」

と話します。そうすると、そこまで歩みを進めた自分を信じられるのだそう。

自分の潜在能力や意志力は、ほかの誰でもなく、この自分自身のみ知ること。他人に流されたり人に依存したりすると、「他人のせいにする人生」が待っています。

成功者たちは、常日頃から「自分を信じる」「自分を信じられる」ようにするため、感覚を磨き、体力づくりを怠りません。

体力がないと、ここぞというときに動けないからです。

では、どう感覚を磨き、体力づくりをするのか。

代表的なものは、瞑想したり、運動したり、自然と触れ合ったりすることです。自然回帰することで、おのずと原点回帰もできるそう。

また、瞑想はロンドンでもとても人気があり、瞑想を通して自己をみつめ、原点に戻ることで、今の自分をよりよく受け入れられるとか。人生に対して前向きになれ、未来へ踏み出せるようになったという人も多いのです。

恋愛でも、「原点回帰」は大切なキーワードになります。

日本では、「普通の男性がいい」とか「並みの収入があれば」という言い方をすることがありますが、「普通という言葉を使っているかぎり、何も手に入れられないわ」と言いきるのはアメリカ人のケイト。過去の友人関係や異性とのつきあいで、自分が大切に思ったことを書き出すことをすすめています。

たとえば、どういう人が好みで、どういう人生を歩みたいか。自分の傾向をとことん分析するのです。

どんな男性に心惹かれる？
生きるうえでの自分の信念とは何？
どんな信念だったら、勇気や気力は湧いてくる？

そして、彼女から「効果抜群」とすすめられたもう1つの方法があります。それは、理想のパートナーに対し、自分がされてイヤなことを100個、されてうれしいことを100個、最終的に自分にとって大切なことを5個書き出すというもの。

こうして分析を怠らない彼女は、大切な5個をすべて網羅したジムをパートナーに選びました。

ジムはギリシャ人とイタリア人のハーフ。外でバリバリ働くタイプではないけれど、家のことはちゃんとしてくれる家庭的な男性です。

いわゆる「主夫」ですが、とりわけ彼は「スーパー主夫」。

子育てから料理・掃除と何でもこなし、彼女が疲れたときはゆっくり話を聞いてくれます。キャリアウーマンの彼女にとって、彼の存在が仕事へのエネルギー源になります。

そんなケイトも以前、別の男性と結婚し、「普通」に共働きを経験しました。共に子育てし、家事を分担していましたが、結局うまくいかず離婚してしまいました。

離婚後、一から自分の本当の気持ちや理想をみつめ直し、前述の方法で分析したところ、彼女いわく、「とっても居心地のいい、うれしい生活が待っていた」。

彼女の人生に仕事と子どもはかけがえのないものです。それを支えてくれる男性こそが、彼女にとって最良のパートナーになりえたのですね。

縁を熟成させる――
メンターに教えられた大切なこと

先ほど、成功者たちは潔いまでに手放す力を持っていると記しました。私のメンターであり大企業のトップにいる男性も、日頃からこんなふうに話します。

「本当につらかったら1回手放しなさい。手放すことで成熟することもあるんだよ」

一度、手を放してみて、もしそれが自分に必要だったら、ふたたび時機はめぐってくるし、めぐってこなかったらそこまでの縁だったということです。

5年前にダメになった仕事が今さらにいい形で戻ってきたり、7年前に会う機会を失したお客さまと今とてもいい形で出会えたりと、私もその巡りめぐる縁を実感しています。

ですから、たとえそのときは縁がなくても、相手に不躾《ぶしつけ》なことをしてはならないと彼は戒めるのです。

私もいまだに北里大学東洋医学総合研究所時代の上司の方や同僚の方とは、不思議な縁やめぐりあわせが多く、驚くことがあります。熟成された縁が持つ引き寄せる力は、とてつもなく大きく、自分を次のステージに押し上げてくれる力も強いように感じます。

「縁が熟成される間に、自分も熟さなくてはダメだ」

これは先ほどのメンターの男性の弁。

日々精進あるのみだなあと、つくづく思います。

人との出会いの選択権は自分にある

人とのご縁ももちろん大切ですが、**成功者たちのなかには、あえて人と群れない選択をしている**方も多くいらっしゃいます。

成功者には自分のまわりがイエスマンだけになるのを意識的に避けている方がいます。自分と異なる考えの人を排除するのではなく、あえて近くに置くことで、組織に新たな化学反応が起こることを期待しているのでしょう。あるいは、「裸の王様」になることを恐れているためかもしれません。

自己の成長と成熟を望む人こそ、自らを厳しい環境に置くことを怠らないのです。

社交の場での出会いをビジネスにうまく活用している方に話を聞くと、**誘われるがままどこにでも顔を出すのではなく、意識的に新たな出会いがみつかりそうな場所を選ぶ**そうです。

学生時代の仲間や地元の友達、同じ業種の人など、共通のバックグラウンドがある者同士のほうが気心も知れ、安心感があります。しかし、そこをあえて選ばず、新たな出会いを求めて、同質でない人たちの集まりに顔を出すようにしているのです。知らないメンバーに囲まれ、孤立してしまうかもしれません。

ですが、それを恐れずに堂々とふるまえば、思わぬ出会いにめぐりあえるチャンスが広がります。

これはビジネスだけでなく、男女の出会いにもいえます。

ロンドンでは、ボランティアや慈善活動の場で素敵なパートナーに出会ったという話をよく聞きます。

まったく出会うはずのない2人が、チャリティーなどのイベントを通じて知り合い、境遇はちがっても互いの価値観が似ていることに気づく——。

自分の趣味など関心のあることをきっかけに、新たな出会いの場に出かけてみるのもよいかもしれません。

成功する人たちは、**誰と出会うのかを、自分で決めるのです。**

人生の闇と光――
つらい経験があるからこそ得られる幸せがある

「光が強いほど、闇が深い」という言葉があります。

華々しい成功の陰には、闇のようなつらく苦しい時期が往々にしてあります。とはいえ、成功していても「闇」がほとんどない人もいますし、逆に、成功していなくても「闇」が深い人もいるでしょう。

ただ1つ言えることがあります。

「闇」とのつきあい方が上手な人は成功しやすい、ということ。「闇」はトンネルとも言い換えられるでしょう。

こうした「闇」のなかを手探りで歩いているとき、どうすればそこをくぐり抜け、出口にたどりつけるでしょうか。

成功者の方々を見ていて共通するのは、みなさん、「石の上にも三年」のごとく行動されていることです。

「石の上」で闇を抜けるための五感を研ぎ澄ませ、スキルアップを図ったり、じっくり考えを深めたり……忍耐力をもって真摯《しんし》に物事に取り組んでいます。「石の上」での努力なしに次々と目移りしていく人は、ビジネスでは昇進しづらく、人からも信頼されにくいように思います。


ジャーナリストのアナがこんな話をしてくれました。

彼女の友人のジャーナリストは、ある道のパイオニアで、とあるテーマに真摯に取り組んでいましたが、道半ばで亡くなったそうです。

友人を亡くした彼女はひどく落ち込みましたが、同じジャーナリストとして、友人の取り組んでいたテーマを引き継ぎました。はじめは手探りで、右も左もわからず闇に1人ぼっちでいるような気持ちだったそうです。でも、友人の遺志を継げるのは自分しかいない、と困難な取材を重ねていきました。

その結果、彼女は権威ある賞を受賞。授賞式で彼女はこうスピーチしました。

「私はパイオニアでも第一人者でもありません。けれど、そういう人たちの陰で自分なりの取材をずっと続けてきたことはよかったと思っています」

まさに闇の中から光の当たる場所に躍り出た瞬間でした。

彼女は、忍耐力をもって「自分なりの取材」を続けてきたからこそ、友人のテーマを引き継ぐことができた。友人のテーマを取材していくことは容易ではありませんでしたが、「石の上」で真摯に取り組んだ結果が、賞につながったのです。

彼女はこうも言いました。

「友人の遺志を継ごうと思ってつくりあげたら、自分1人でつくったものより、すごく大きなものができた」と。

私はとても胸が熱くなり、今の仕事にいっそう真摯に取り組もうと感じたのでした。

Special Beauty Lesson

セルフケア&マッサージ

二の腕

引き締まった二の腕で、
幸運をつかもう！

二の腕は、ものをつかみとる、たぐりよせるときに使う部位。つまり、その人なりの成功をつかみとろうとする意欲が表れている部位です。大きなチャンスを呼び込みたい、幸せになりたいと思うなら、たるんだ二の腕を放置してはおけません。引き締まった二の腕を手に入れましょう。

また、二の腕の内側の肌の状態にも注目を。ここは生まれたときの肌に最も近いといわれる場所。ほどよく引き締めつつも、女性らしい肌の潤いや柔らかさ、きめの細かさをキープするためのケアを忘れずに。

二の腕を引き締めるマッサージ

1

腕を肩と水平になるよう体の前方に上げ、二の腕のたるみが気になる部分を反対側の手でつまむ。ひじを曲げて手首から先を鶴の頭のように「へ」の字に曲げる。このまま鶴が首を動かすようにひじから先をリズミカルに曲げ伸ばしする。

2

つまむ部分を徐々に下に移動する。まずは鶴の首運動を続けながら、ひじから脇の下まで。さらに手首を上下に動かしながら、ひじから手首にかけて同様につまんでいく。

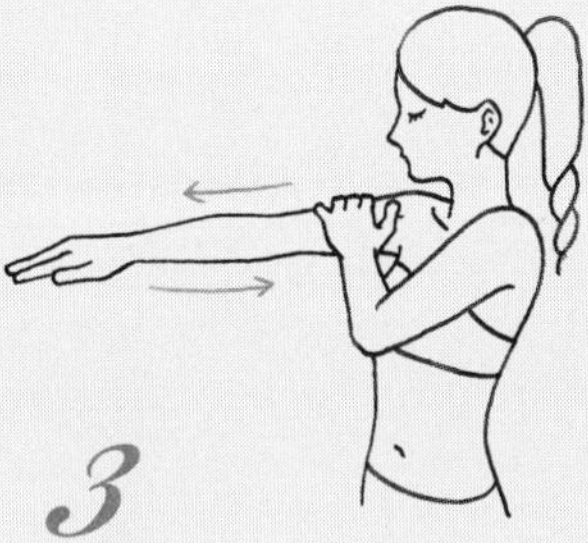

3

腕の上側の輪郭を肩から手首まで上から下へ、腕の下側の輪郭を手首から脇の下まで下から上になでてさする。最後は脇の下のリンパに老廃物を流し込むイメージで脇の下を軽く揉みほぐす。

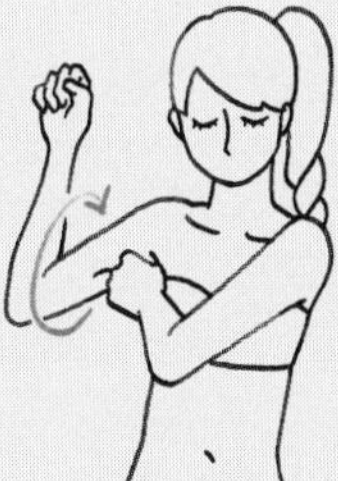

4

脇の下に人さし指、中指、薬指の三指をあてて、こぶしを握ってひじを曲げた腕を後ろに大きく肩から回す。

成功者の習慣 2

「大人の女性」の太ももは細くない

美しい年の重ね方

40代からは「とりあえず」をやめてみる

とても明るくおしゃれなイタリア人のお客さまアドリアーナは、80歳です。初めてお目にかかったとき、私は彼女が60歳くらいだろうと思ったのですが、実年齢をうかがい、その若々しさに驚いてしまいました。

彼女がいつもおっしゃることは、

「年齢を重ねると、新しく経験することは減るけれど、好奇心は若いとき以上に持っていたいわ」

身にまとうものへの好奇心も強く、時代の空気を感じさせる洋服をセンスよく着こなし、大きなピアスを耳に揺らしています。スモーキーカラーやアースカラーなどの流行色もとり入れ、それがよくお似合い。一方で、定番の真紅のマニキュアも欠かしません。

あるとき、「ワンピースにパンティのラインが出てしまうから」という理由で下着を身につけないことがあるとお聞きし、驚いたと同時に、美意識の高さに脱帽しました。

とはいえ、高価な服を選んでいるわけではなく、チープシックスタイルも好んで着ていらっしゃいます。

大切なのは、どんなときも自分なりの審美眼をもって選択していること。

「〝とりあえず〟という気持ちが生むのは怠惰よ。好奇心の芽さえ摘むわ。だからこそ、40代からは〝とりあえず〟をやめなさい」

と彼女は戒めるのです。

年を重ねると、生き方は顔に表れると言われますが、それだけではありません。生き方は、ファッションをはじめヘアスタイルや指先など身体の細部まで至るところに表れます。若いときにはごまかせたものが、年を重ねるにつれてそのまま出てくるようになります。

決して、高価なものを身につけていたかどうかではなく、ご自身の人生にどう向き合ってきたかが出るように思います。

前述のアドリアーナには、年齢を感じさせない迫力や色気があります。そして、その心意気がオーラになって醸し出されています。

私があるとき冗談交じりに、「手相を見ますよ」と彼女の手をとりました。

「今、人生で一番モテてますね」と言うと、「すごい、ぴったりよ。今人生で一番モテてるわ」とにこやかにおっしゃいました。

隙をつくりなさい――弱点はあなたの強みになる

恋愛ではよく「隙のある女性はモテる」といわれますが、80歳のマリアにも「隙をつくりなさい」と言われました。

「隙がないと人は寄ってこないし、いいものは手に入れられないわよ」と。

「隙がある」とはどういうことなのでしょうか。

交渉上手な人は計算し尽くされた隙をつくります。そのときは隙と感じさせないけれど、あとで思い返すと「ああそうだったんだ」と気づくようなことがあります。

外国人が会ってすぐ行う握手やアイコンタクトも、じつは演出された隙の1つ。

「あなたの味方ですよ」と相手の心のバリアを解くためのものです。

最近、私のまわりに釣り好きが多いことに気づきました。釣りの醍醐味はさまざまで、みなさん、いろいろな哲学をお持ちです。

そんななか、私の女性の友人が「釣りを始めてからモテるようになった」と話していました。

彼女は30代半ばで自立した女性です。

「隙がない」とよく言われていたそうですが、釣りを始めてからは「隙ができたね」と言われるそう。

「人に頼ったり、甘えたりできるようになったの。釣りのときは心から純粋に笑えるからかしら。うれしいことに、昔は言われなかった『笑顔がいいね』とも言われるようになったのよ。あえてつくったわけではないけれど、なんだかおもしろいわね」と。

「隙」というものは自分も思わぬところでつくられ、まわりの人に気づかせてもらうものなのかもしれません。

私は仕事柄、女性ファッション誌などに写真を掲載していただく機会が多いのですが、初めてお目にかかる方々にはよく「写真のイメージとちがいますね」と言われます。

写真の私は、気が強そうで怖そう、体格も頑丈そうにみえるようなのです。初対面の際には多くの方が、写真のイメージと実際の私とのギャップに驚かれます。

「こんなに気さくでおもしろい人だと思わなかった」と言っていただくことも多く、「自分がどんなふうに見られているかなんてわからないものだな」と思いました。

声のトーンも、みなさまの想像よりも高いそうで、それもギャップの1つのようです。ある方に、

「あなたは隙がなさそうに見えたけど、イメージとのギャップこそが最大の隙ね。狙った隙ではなく、無意識に表に現れる隙こそ、あなたの強みよ」

と言っていただいた言葉が私の胸に響き、以後大切にしています。

年齢の重ね方——
「大人の女性」だけがもつ慈悲、知性、包容力

「人を知ることで自分を知る」——ありがたいことに、私はさまざまな方とめぐりあう機会に恵まれています。

世界的女優のカトリーヌ・ドヌーヴさん、シャルロット・ゲンズブールさん、スーパーモデルのケイト・モスさん……数え上げたらきりがありません。こうした方々と触れ合ううちに、「女の業を乗り越えた女性になりたい」という究極の目標が生まれました。

たとえば、カトリーヌ・ドヌーヴさんは、ラグジュアリーでクールでエレガントなフランス女性の代表のような方。ですが実際にお会いすると、気さくさもお持ちで、そのギャップに驚かされ、魅了されるのです。そして、若さだけではない、熟成された美しさ、葛藤ゆえに生まれた美しさを感じずにはいられません。

「出会う人が自分というワインを熟成させる土壌。年を重ねた女性は熟成ワイン、

ビンテージワインと同じ」

こんなふうに表現する方もいます。

熟成された美しさ――若い人にはとうてい出せない慈悲と包容力と知性を包括するもの。この言葉が端的に表しているように思います。そしてその美しさは、数々の辛苦を乗り越えてきた自信から生まれるのです。

日本では年を重ねることを「エイジング」と表現しますが、ヨーロッパでは「**グレイスフルエイジング**」という言葉をよく用います。年齢に対抗するのではなく、年相応であることは素晴らしく、**年を重ねることは美しいという考え**です。

人間は誰しも年をとったとき、角《かど》が出てくるといわれます。

角が出るとは、意固地になったり、逆に恥じらいがなくなってデリカシーのない言葉も平気で発するようになったりすること。脳科学的にも、年をとると感情のコントロールが難しくなり、理性や人間性は次第に失われていくとされています。

この角を丸くしてくれるのが、先ほども触れた慈悲と包容力と知性。これらを備えていれば、年を経るごとに、ますます楽しい人生が待っていることでしょう。

往年のフランス女優が教える「いつまでもイノセントな魅力を」

美しさやエレガントさ、包容力、知性、アヴァンギャルドさと慈悲の心を持ちあわせるセンスあふれる女性というと、カトリーヌ・ドヌーヴさんが真っ先に私の心に思い浮かびます。

それらの魅力に加え、ご本人が大切にされていることは、「イノセント」であることだそうです。

年を重ねてもなお、「それ、私知らないわ。おもしろいわね。教えて」と言える女性であること。

知性あふれる言葉に時折見える、ある種のイノセントさが、まわりの人を魅了するのだと感じます。

私自身、この広い世の中で知っていることは1%にも満たないでしょう。社会のこと、経済のこと、世界のこと、人生の真理について、そして自分自身のことを日々発見しています。

特に自分自身のことは、一番よく知っているようでありながら、お客さまとの会話から思いもよらなかった一面に気づかせていただくことばかり。

魅力あふれるお客さまと出会ううちに、年齢を重ねることは楽しいことだと確信するようになりました。

また、お客さまとの出会いは、新しい世界へと通じる幾筋もの道をつくってくれました。

いつも、かけがえのない出会いに感謝しています。

ドヌーヴさんの年齢になったとき、私も「それ、おもしろいわね。教えて」と目を輝かせて言える、そんな女性になっていたいと心から思います。

ハリウッド女優に見るオンとオフの過ごし方

ハリウッド女優の方々には、オンとオフで体型からファッションまでがらりと変わる方が少なくありません。その変わり方はまるで別人かと思われるほど。

ある若手女優の方がお客さまとして来られたとき、じつは私も彼女のファンだったのですが、あまりにふくよかになっていたため、最初は誰だかわかりませんでした。

ハリウッド女優のなかには、数キロ程度の体重の増減はあたりまえ、オフでは心も身体もゆるみきり、いざオンに向かうときは、役づくりのため尋常ではない追い込みを見せる方もいます。

オンとオフの切り替えができているといえば聞こえはよいのですが、こうした極端な体重の増減は身体にとっては負担です。やはり身体はなだらかに整えていくのがベターと私は考えます。

その点、日本の女優の方々の多くは、オフでお会いしてもまさに「女優さん」。とはいっても、四六時中オンでいるわけではありません。

たとえば、家の中ではノーメイクで過ごすというように、オンとオフを切り替える場所、リフレッシュする場所や方法を選んでいるようです。

日本とハリウッドで大きくちがうところは、ハリウッド女優の方々のほうが世界中を飛び回っていることでしょう。ハリウッドの超大作ともなると、プロモーションだけで半年間、計20数ヵ国というのもざらです。

こうした半年間を過ごす方の身体に触れさせていただくたびに驚きます。時差があり、移動時間があり、それぞれの場所で、気候も食べものもちがいます。身体の負担は相当なものでしょう。

負担は身体だけではありません。その国によって受け答えの仕方も変わりますから、気持ちもパンパンに張っています。

ですからなおさら、オフには家族でのんびり過ごしたいという方が多いのだと思います。

プライベートジェットで移動される方も多いのですが、それでも身体は疲れますし、むくみなどで悩む方も多いのです。

ロンドンでは、東京―大阪間を移動するイメージでロンドン―ニューヨーク間を往復している人が多くいます。

ある大富豪のお嬢さまであるジュリアは、ロンドン―ニューヨークを週に2往復していました。彼女は「若いし元気だから問題ないわ」とおっしゃっていますが、このようにハードスケジュールをこなす方々は意識的にオフをつくっています。

ちなみに、乗りものの移動が多い職業の方も足のむくみを訴えられる方が多いです。世界各地を飛び回る国際線の客室乗務員はもちろん、新幹線での移動の多い方、自動車での移動時間の長い方なども。

そういう方は、立ちっぱなし、座りっぱなしの時間をできるだけ少なくするよう一定時間ごとに歩くことをおすすめします。歩かなくても、ときどき立つ・座るの動作をするだけで、全身の血行がよくなりますので、意識されてはいかがでしょうか。

別のお客さまは、月曜から金曜はロンドンで仕事と子どもの学校を中心に過ごし、週末は家族でイングランド南部のアスコットのカントリーハウスで羽を伸ばします。日本でも、週末は温泉地で過ごすという方もいらっしゃるのでは?

遠くまで足を延ばさなくても、近くの公園や川べりを歩くだけでもいいでしょう。

ごく日常のなかに気持ちの切り替えができる場所があれば、身体の調子はよい状態でキープされると私自身感じています。

ところで10年以上、仕事一筋で突っ走ってきた私が、久しぶりにアイルランドで意識的にオフをつくったとき、仕事に対しても人生に対しても、思わぬ気づきがいろいろありました。

ただし、これまで仕事一筋の時期を過ごしてきたからこそ、オフで気づくことがあったのかなとも思います。オンを知っているからオフのありがたみがわかる、というのでしょうか。オフがオンに与える影響力をひしひしと感じました。

人生のオンとオフという観点でとらえるならば、成功されている方々を見ると、仕事で追い込みをかけている時期と仕事をセーブする時期が、各々の方であるのも気づきの1つです。

私たちが気づいていない日本人女性の魅力

日本でも欧米でも「婚活」という言葉をよく耳にしますが、まさに婚活中のイギリス人の友人にこんなことを言われました。

「日本人はいいわね。婚活市場にいるのは日本人だけでしょう」

イギリスの場合、婚活市場にはヨーロッパ全土から男性も女性も集まってきます。また東ヨーロッパの若い女性にコロリと行ってしまうイギリス男性も多いそうです。

最近は、ブラジルから来た女性たちが人気のよう。グラマラスで情熱的なブラジル人女性に、おぼっちゃま的なイギリス男性ほど惹かれていくとか。

今やネット婚活も一般的ですから、世界中どの国の人とも出会うことができます。

では、日本人女性はどう思われているのでしょうか。

「おもしろいことに、一度日本人の女性とつきあった男性は、その後も日本人とつきあうことを好むのよね」

と話すのは、ロンドン在住のちえさん。彼女いわく、その理由の1つは、**日本人女性は肌がしっとりしてキメが細かい**からだそうです。

たしかに日本は湿気大国ですから、言ってみれば、いつも加湿器のある部屋のなかにいるようなもの。日本人は、湿気や夏の暑さを嫌がりますが、肌にとってはよいことも多いのです。さらに日本人は紫外線に敏感で、夏でも長袖、サンバイザー、サングラス、日傘……と肌をよく守っています。

ちなみにヨーロッパは、秋冬の日照時間が少ないため、夏は日差しを燦々《さんさん》と浴びて肌を焼く人はまだまだ多くいます。

日焼けがステイタスでもあるのでしょう。日焼けはシワやシミの原因になりますし、過度の日焼けは皮膚がんのリスクもありますが、彼女たちはそれを知っていてもやめられないと言うのです。

私たちにとって美白のお手入れは、もはやあたりまえの感覚ですし、そのおかげもあって日本の女性はきめ細かく美しい肌でいられるのでしょう。

外国の男性がそこに魅力を感じてくれるのはうれしいかぎりですね。

「セクシーである」とはどういうこと？
欧米人は日本人女性のここに色気を感じる

ヨーロッパの社交界では、磨きあげられた「デコルテ」と「すじ脚」がカギ。

胸元の大きく開いたドレスを着ると、つやつやのデコルテがまるで鏡のように顔を美しく引き立ててくれます。

すじ脚とは、脚の骨に沿ってひざから下に縦のラインができる脚のこと。いくつになっても素足でパンプスをはきこなす欧米マダムたちの美的ステイタスです。

日本では、デコルテを意識して磨いている方は少ないのではないでしょうか。また年を重ねるほど、胸元の開いた服を着ることを避ける傾向もあります。

「だからセクシーではない」かと言えば、じつはちがいます。

フランス人の友人男性にこんなことを言われました。

「日本人女性のセクシーさは、胸元ではなく、うなじなんだよ」と。

日本では昔から、時と場合に応じて、着物に合うようううなじの開き具合を微妙に調節してきました。

フランスではかつて浮世絵が流行したように、日本人女性の色気をそこから感じとっているようです。

また、しばしば物議を醸すことのある春画。日本の芸術にはもともとわかりやすいエロティシズムがありますが、春画はその最たるもの。タコやキツネが化身として登場し、動物的欲望を感じさせます。

イギリスの大英博物館でも春画展が開かれ大盛況だったように、日本人自身が気づいていない魅力や色気を感じる外国人はじつは多いのです。

ただ注意しなくてはならないのは、肌の露出の仕方です。見せればよいというものではありません。

いやらしく見えてしまうか、セクシーで美しく見えるかのちがいは、どこにあるのでしょうか。その女性に気品があるか、さらに社会的使命を持っているかどうかだと、私は思います。

先ほど触れた「すじ脚」の緊張感を思い描いてみてください。

社会性に富み、女性としての品を常に意識している方は、身体の細部にまで意識が行きわたっています。

私たちは、欧米のスタイルのよい女性に強い憧れを抱きますが、日本女性ならではの美しさ・魅力にもっと自信を持ってよいのだと思います。

質

整理整頓は人生の成功を高める——わが家こそ最高のパワースポットに

「疲れたらまず身のまわりをキレイにするといいわよ。もっとも長くいる自分の家が一番のパワースポットなのだから」

お客さまのルースにこう言われました。なるほど、たしかに身のまわりが雑然としているときほど、疲れがたまっていたり心の余裕をなくしたりしていることが多いようです。

Quality

もともと私は整理整頓や掃除が苦手なタイプでした。20代で北里大学東洋医学総合研究所に入所したとき、整理整頓が大好きな先輩に、「ファイリングはとても大切」「モノの帰る場所を最初に決めてあげなさい」などなど徹底的に叩き込まれました。この経験が日常にも生かされ、今は使わないモノが出ていると落ち着かないまでになりました。

モノをきちんとしまう生活に慣れてくると、**部屋のあちこちに置かれたモノが自分の疲れ具合を知るバロメーター**となります。

イギリスの貴族のお客さまステファニーは、「キレイに整えられたシーツで眠ることが一番の幸せ。自分の境遇に一番感謝する瞬間よ」とおっしゃっていました。

私もベッドルームには相当なこだわりを持っています。寝具まわりを清潔に整えることは、日々の生活を豊かにすることだと思うのです。

キレイなシーツや下着など、人目にはつかない細部に気を配ることは、自分自身を愛し慈しむこと。自分を愛することができる人は、同じようにまわりの人も大切にすることができます。

さらに、整理整頓すると、モノに対する愛情も生まれ、大切に扱うようになります。ほしいモノ、必要なモノを選ぶ感性も磨かれます。

私は、自分の心にストンと落ちないモノが空間を占めることがどうにも苦手です。これがほしい、と心底思えるモノに出会わないかぎり、即座に買うことはありません。

若い頃、米びつがほしいと思い探していたのですが、なかなか気に入ったものがみつからず、結局5年もかけてみつけました。

米びつといえば防虫効果のある桐が最良とされていますが、私にはしっくりとこず。最終的にイタリアのブランド、アレッシィのキャンディボックスがマイ米びつとなりました。留学時にはロンドンにも運んでいき、「こんなモノ日本から持ってきたの？」と笑われましたが、もう20年も愛用しています。


欧米では、代々受け継がれたアンティークを大切に使っているご家庭が少なくありません。そのためでしょうか、コレは残す、アレは捨てるという基準もはっきりしています。

友人のローレンは、亡くなったお母さまにもらったお裁縫箱を大事にしています。

ひと針ひと針いろいろなものを縫ってくれた道具には、お母さまとのさまざまな思い出が詰まっており、「**持っているだけで今でも母の愛情を感じてがんばることができる**」と言います。ローレンにとって、お母さまのお裁縫箱はパワーの源なのですね。

自分の家をエネルギーの源でもあるパワースポットにするために、みなさんならどんな宝物をそばに置きますか？

「太もも」で人生の質がわかる

太ももというのは、日頃の生活習慣の影響がとてもよく表れるところ。

立ち方、歩き方、座り方を含めたさまざまな習慣や運動により、太ももは鍛えられ、形づくられていきます。

正しい姿勢でまっすぐに立って颯爽《さっそう》と歩く方の脚のラインは、余分な脂肪がなくすっきりしています。逆に、姿勢が悪く身体の均整がとれていないと、それを支える太ももの筋肉のつき方もバランスが悪くなり、横に張り出したり、左右で太さや形がちがった太ももになってしまう場合があります。

こうした**太ももの美醜は、歩き方1つで変わるように、人生そのものをどう歩んできたかをも表現している**かのようです。

私がお客さまに触れさせていただいてよく感じることは、セレブリティは、太すぎず細すぎず、美しく引き締まった太ももをお持ちの方が多いことです。

「女性らしい太ももの持ち主は、金運をつかみやすい」

と言い換えてもいいでしょう。

女性らしい太ももはまた、金運だけでなく恋愛運をもつかむ部位でもあるようです。太ももの付け根付近の三角地帯は、尾てい骨の上と同じくフェロモンを感じさせる部位です。男性は、フェロモンが立ちのぼる太ももに女性の魅力を強く感じるともいいます。

フランス人のマノンは、お尻から太ももにかけてのスクラブとクリームのケアを怠りません。かつて、パートナーに「ガサガサだとセクシーじゃない」と言われたのがショックだったそうです。

セクシーさを大切にするフランス人らしいエピソードですが、私たちも人生の質を高めるために、ぜひ太もものお手入れを習慣化したいものです。

覚悟があるかどうか――「ほしい人生」を手に入れている人の行動とは

長年キャリアを築いてきて、40代でスパッと仕事を辞めた女性たちが私のまわりにいます。

彼女たちが言うには、「これまで仕事を大事に生きてきたけれど、次のステップとして家族をつくることを選んだ」とのこと。

パートナーの転勤先についていった、遠くに住むパートナーのもとに嫁いだなど仕事を辞めざるを得ない事情があったのかもしれませんが、彼女たちはそれを後悔したりしません。

辞めたことを後悔していつまでも不平を抱くのは、自分の人生を自分で決めず、人まかせにしているから。自分で決断したという覚悟がない人は、他人や社会のせいにしがちです。

お客さまのデビーは、双子の子どもを持つ奥さま。毎日がこの上なくハッピーだと言います。

以前彼女は、仕事熱心でロンドン―ロサンゼルス間の飛行機移動を日常的にしていました。しかし機内の気圧の変化により、身体がむくみやすいことに悩んでいたそうです。また当時彼女は妊娠を考えており、飛行機移動が多いと生理周期が乱れ、妊娠しづらくなるのでは？　と気にかけてもいました。

かといって、仕事をするかぎり、飛行機に乗らないわけにはいきません。

何かをするためには、別の何かをあきらめなければならない――両方を同時に得ることができれば言うことはありませんが、必ずしもそうはいかないもの。人生は取捨選択の連続です。

そこでデビーは、「この仕事を2年間、精一杯続けよう」と期限を設けました。

そして2年後に、これまでのキャリアを生かしつつ、飛行機移動のない仕事を、転職のプロフェッショナルとともにみつけました。さらに結婚相談所に登録し、そこで出会った今のご主人と結婚したそうです。

引き受けたものには多大な情熱をもって突き進みますが、次なる目標に向かうときにはきっぱりと方向性を変える。

その際にも、自分の判断や価値基準だけに頼ることなく、幅広くいろいろなスペシャリストに質問して答えをみつけようとします。

「こんなことを聞いたらはずかしい」とは考えず、果敢に行動します。

ほしいもの、望む人生を確実に手にしている人は、他者の意見を聞くことをためらいません。そして、最終的に下した決断は自分の責任である、という覚悟をもっています。あの人がこう言ったから、と人のせいにしたりはしないのです。

スペシャリストに聞かずともまわりの友人、上司、家族……有益なアドバイスをくださる方はいくらでもいます。時にはそうした方々のアドバイスに耳を傾けることも大切なのですね。

このような人生の大きな話だけではありません。

たとえば、今飲んだコーヒーがおいしくなかったとします。でも自分で飲むと決めて飲んだわけです。今日誰と会うか、どこに行くか、何を食べるか……ささいなことであっても、自分で選択・決断することが大事であり、覚悟をもって臨むことが大事なのです。

ちなみにデビーは自分の失敗談として、次の話をしてくれました。

「そんな覚悟のできていない女性が陥りやすいこと、それはダメな男を引き寄せてしまうことね。自分に自信がなく、相手の言いなりになってしまい、振り回されてしまうの。私もそうだったけれど、自ら彼を図に乗らせたあげく、自分の首も絞めてしまうのよ」と。

覚悟をもって行動することは「人生の主役は自分」という自信にもつながります。幸せは自分でしかつかめないのです。

迷ったときは「心の中のもう1人の自分」に問いかける

岐路に立ち、2つの道のどちらへ進んだらいいのか迷い、なかなか答えを出せないことがあります。いわば人生は、選択の連続。迷わず決断を下すことができる、そんな確固たる軸を持つためには、どうしたらよいのでしょう。

あのマザー・テレサに師事していたこともある心理カウンセラーのパドマに言われたことがあります。

自分の軸を持つ1つの方法として、「**自分の中にもう1人の自分をつくって問いかけてみるといい**」と。

サッカー日本代表だった本田圭佑選手も、心の中の自分を「リトル本田」と表現していました。

パドマが言う方法は次のようなものです。
まず、あなたの中のもう1人の自分を「リトル」と呼ぶことにしましょう。

「リトル」は、自分の本音そのものです。日常の雑事に追われて見えにくくなってしまった信念や夢がそこにはあるはずです。

何をするか、どこへ行くかを「リトル」にまず聞いてみる。「リトル」がGoサインを出したら自信を持って進んでいけばいいし、「リトル」がイヤだなと言ったらやめておく。

とはいえ、イヤだと思ってもやらざるを得ないことは世の中にたくさんあります。そんなときは、「リトル」に対して「一緒にがんばろう」と手をつなぐイメージを持つのです。すると、自分の胸の中にいるもう1人の自分が同志となり、私は1人ではない、と心強く感じることができるはず——。

このようにパドマからアドバイスを受け、私も時折実践していますが、有効な方法だと感じています。

道を究めた人の、自己プロデュース力に学ぶ

フランスのファッションジャーナリストのエマに、こうリクエストされました。

「ヒールを脱ぐときのお尻のラインをきれいにしたいの。くっと引き上げられた魅力的な曲線にしてほしいわ」

意中の男性の目線で見た自分自身のボディラインを頭に描いているのです。このように欧米のお客さまは、具体的なシチュエーションを想定し、自分をいかに魅せるかを考えてリクエストされることがよくあります。自分の後ろ姿にもちゃんと責任を持っているのですね。

ことファッション関係者は後ろ姿にも手を抜かないというのが私の印象です。

私がお客さまを見てつくづく思うのは、1つの道を究めた方は、その生き様が所作の至るところに表れるということです。

たとえば、日本舞踊をされている方の場合。どんな瞬間も、立ち居振る舞いが日本舞踊そのものなのです。バレリーナの方は、話すときの表情やしぐさまでも、すべてがバレリーナそのものなのです。

私のマッサージは強く圧をかけることが多くあるのですが、そのときのお客さまの反応の仕方、受けとめ方にも生き様が表れるように思えるのです。

24時間、365日すべてがその道を極めた「自分自身」。このような姿を目の当たりにすると、骨の髄の髄までプロなのだなあと尊敬します。1日1日の積み重ねによって、その技、その心を、身体にしみ込ませているのですね。

プロとしての姿勢を勉強させられる瞬間です。こうした自己プロデュース力の高さは、ぜひ見習いたいものです。

私たちも日頃のちょっとした所作を少し見直すだけで、気遣いのある雰囲気を醸し出せるはずです。ポスト・イットを貼るとき、丁寧に貼る。机を拭くとき、まるく拭くのではなく、角まで四角く拭く。

こうした態度は自然と周囲に伝わるもので、「あのとき彼女はささやかなことでさえ、心を尽くして几帳面にやっていたから、この仕事をまかせてみよう」という話にもなるのです。

これも1つの形を変えた自己プロデュース力といえるのではないでしょうか。

Special Beauty Lesson

セルフケア&マッサージ

ふくらはぎ

スカートとヒールの似合う
脚線美を手に入れる

適度に筋肉がついて、スリムなラインを描くふくらはぎは女性の憧れ。同じく脚線美に欠かせないのが、きゅっと引き締まった足首。太くなったふくらはぎでは、ついスカートを避けてしまいそうだし、くびれのないズトンとした足首では、素敵な装いをしても魅力を半減させてしまいます。

ふくらはぎを細くしたいなら、運動よりもストレッチやマッサージで。ふくらはぎと足首の正しいケアを実践し、洋服選びの幅をさらに広げていきたいですね。

固く張ったふくらはぎをほぐし、たまった老廃物を流すマッサージ

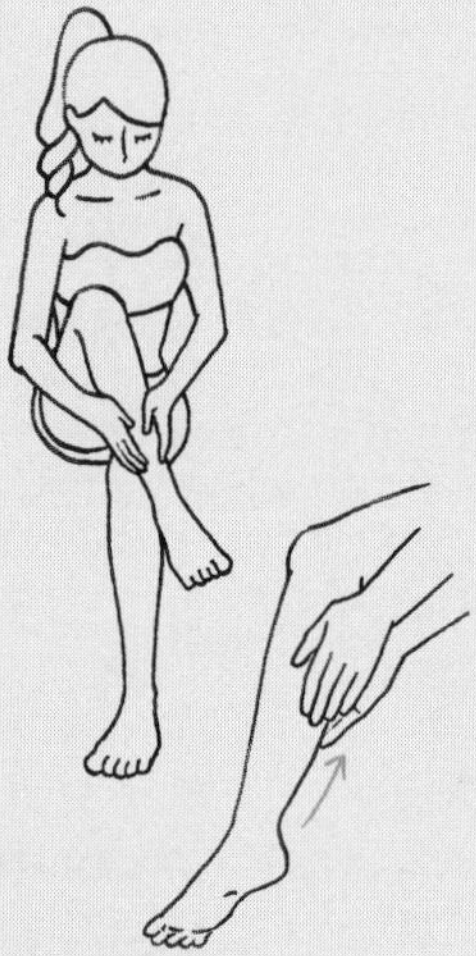

1

いすに座って片脚を持ち上げ、両手でふくらはぎを包み込むようにしてぐっと押さえ、圧迫したままアキレス腱からひざ裏に向かって一直線になで上げる。

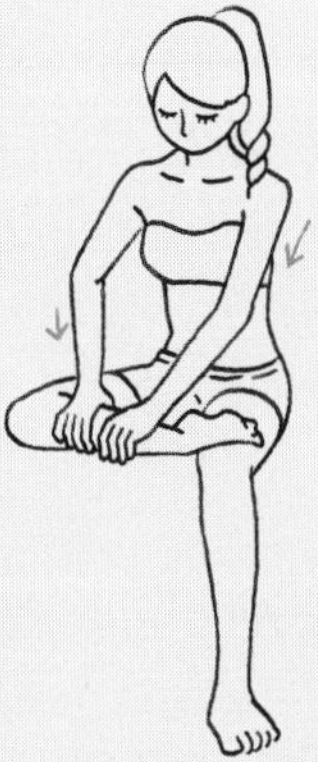

2

もう片方のひざの上に、足首をのせるようにして、ふくらはぎの縦の中心線を、ひざ裏からアキレス腱に向かって、両手の親指で強めに体重をかけながらプッシュする。

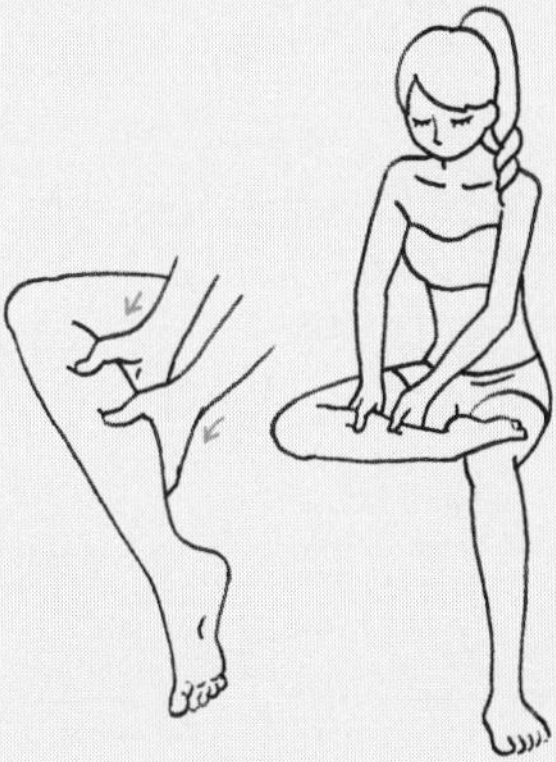

3

ふくらはぎを両手で大きくつかむようにして、ぐいぐいと体重をかけながら揉みほぐす。脚の骨のキワに親指を沿わせてプッシュし、ふくらはぎの奥深くを刺激する。反対側の脚も同様に1から3を行う。

成功者の習慣 3

幸せな成功者に見る「仕事とお金」の共通点

仕事

Business

丹田が力強い人が、なぜ成功するのか

人種や国籍、年齢、男女を問わず、成功したい方は丹田《たんでん》を鍛えることをおすすめします。

丹田とは、おへその下、三寸（成人で約9センチほど）にあり、気が集まるところとされています。

成功される方には、丹田が力強く、踏んばりの利く身体の方がじつに多いのです。

日常生活で腹筋を鍛えている方も多く見受けられます。

世界的に見ても、経済のめまぐるしい変化や自然災害など、日々の生活を取り巻く環境はとてもストレスフルです。ただ細いだけ、美しいだけの身体では、この状況を勝ち抜いていけないと強く感じます。

しっかりと自分の足で立ち、自分の人生の航路を、自身の力で切り開く。

そんなたくましさは、身体の芯となる腹部の強さ、安定感がキーとなります。

その身体は、日常の生活スタイルによって、まったくちがってきます。

たとえばデスクワークの仕事をしている人の身体は、下半身がむくみやすく眼精疲労を起こしやすい傾向があります。また、肩や肩甲骨まわりが凝りやすくなります。

反対に、幼い子どもがいる専業主婦の方の場合は、お子さんを抱くことも多いので、上腕部分から背中全体および大腿部が張りやすくなります。

また、こんなお客さまもいらっしゃいました。髪を乾かすことから身のまわりのことすべてをお付きの人がしてくれる女性です。移動はすべて車、もちろん仕事はしていません。また、運動も好きではありません。

夜はパーティーや会食が多いため7センチヒールを主に着用し、足腰の不調に悩まされていました。

そこで、とにかく自然に触れたり、ストレッチやジムでのトレーニングなど、何でもよいので興味が持てることをまずしていただきました。すると、弱々しかった丹田が強くなってきて、マシュマロのようだった足裏にも筋肉がつき、3ヵ月後にはだいぶ不調が改善されました。

傍《はた》からは、すべて満たされているようにみえても、幸せかどうかを決めるのは自分。その後、彼女は仕事を始め、自身で会社を立ち上げて精力的に活躍し、以前とはまるで別人のようになりました。

そのとき、人間にとって適度な運動、ひいては労働という行為がとても大切だと再認識しました。

丹田の力は「意志力」と直結するともいわれます。決断力を強化したい方は腹筋を鍛えるなどのコアトレーニングを行い、日常生活でも意識して、丹田に力を入れることを習慣づけるなど、丹田力を養うのもいいかもしれません。コアトレーニングの方法は、呼吸を意識して行う「**10秒トレーニング**」がおすすめです。

◇丹田力を養う「10秒トレーニング」

まず3秒かけて鼻から息を吸い、7秒かけて口から息を吐きます。息を吐く際、「ホー」と低音で声を出すのが効果的です。この呼吸を3セット。これだけです。

並行して腹筋をすると、さらに丹田力は鍛えられます。

呼吸で仕事のストレスをチューニングする

私は薬剤師となってから、北里大学東洋医学総合研究所で東洋医学と漢方の仕事に従事してきました。海外のお客さまのなかには、私のそんなバックグラウンドに興味を持ち、トリートメントに来てくださる方がいらっしゃいます。

東洋医学には、呼吸をコントロールすることで、身体だけでなくメンタルな部分もチューニング（調整）していくという考え方があります。

私の施術では、はじめにお客さまの呼吸を整え、また施術中も効果を高めるためにマッサージに合わせて息を吸ったり、吐いたりしていただきます。マッサージに呼吸を組み合わせると深い圧をかけることができ、同時に体内循環も高めることができます。そうすることで身体の深部を刺激し、脳にもアプローチしやすくなるのです。

施術のなかで、おもしろい発見がありました。

一代で上りつめた苦労人の成功者ほど、息を吐くことに身体が反応する方が多いのです。

思わずこちらが息をのむほど「ふわぁぁっ」と深く、大きく息を吐き、吐ききると決まって胃部あたりがグルグルと音を立てて動き出すから不思議です。

「口が堅い」「ポーカーフェイス」というのは成功者の特徴の1つで、どんなに厳しい局面でも相手に一切本音を見せず、女優、俳優がごとく演じきります。その腹底には、誰にも明かせない秘密があるのでしょう。

「腹にいちもつ」といいますが、東洋医学でも気の流れが滞ると、のどのつまりを感じたり胃腸機能が低下しておなかが張りやすくなったりすると考えられています。

息を吐く行為には、呼吸とともに心の奥深くに隠していたものを吐き出すような解放感があります。**吐き出すことで身体の緊張をとき、リラックスすることができます。**

日常でも仕事でも強いプレッシャーを感じたとき、モヤモヤとたまった不満をグチとして家族や大切な人にぶつけてしまう前に、吐き出すことを意識して大きく深呼吸することをおすすめします。

虫の目、鳥の目をもつ——仕事でこだわるところ、こだわらないところ

私の知人でグローバル企業の第一線で活躍する日本人の男性がいます。頭の回転の速さ、知識の深さにいつも驚かされ、さりげない一言にもはっとさせられます。

その方の言葉で忘れられないのが、「物事を虫の目と鳥の目で見る」。世界経済の動きのなかでビジネスを見ている方ならではの発想だと思いました。

虫の目、鳥の目は文字どおり、物事を近い視点から見る、遠い視点から見るということです。これは、時間的に短期で見る、長期で見るなど、2つの異なる視点で1つのものを見るということに応用できます。

期日が迫っているとき、思った成果がなかなか出ないと焦っているとき、余裕がないときほど「虫の目」になりやすい気がします。

虫の目しかない場合、その場ではとりあえずの成功が得られるかもしれませんが、

長期的な視野ではひずみが出てきたり、思わぬほころびが出てきたりするかもしれません。

また、虫の目だけでは自分の得意分野のみに注力して、あとは疎かに終わってしまうなど、仕事にムラが出てくることもあるでしょう。

私自身、たとえばトリートメントを行ったりトリートメントメニューを考えたりするとき、この点を大事にしています。

身体の筋肉は、内部で複雑につながっています。また身体には筋肉に加えて、リンパ、ツボ、反射区などの関係性があります。アプローチしたい身体のパーツにのみ焦点を合わせるのでなく、身体全体のつながり、関係性を意識するように心がけています。たとえば、フェイスラインのゆるみには、足首、背中にも同時に働きかけることでより効果的なマッサージができます。

何か新しいアイデアが浮かんだとき、今までの方法を見直すとき、この「虫の目、鳥の目」方式で点検するクセをつけるとよいかもしれません。

天職に出会った人は、「身体の均整」がとれている

シンメトリーは、私が美容を考えるうえで大切にしているキーワードの1つです。

両肩の一方だけが上がっている、バストの左右の大きさがちがう……そんな身体のバランスの悪さに、ちょっとした違和感を覚える方もいらっしゃるのではないでしょうか。女性ならば、眉山を描くときやアイメイクなどで、顔の左右のゆがみを無意識に調整されているかもしれません。

「シンメトリービューティー」といって、人間は本来、均整がとれたものに美しさを感じるようです。自然界やアートでも均整がとれているものを美しいと感じます。クジャクがパッと羽根を広げたときの、あの美しさですね。

東洋医学やヨガの考え方でも、**身体のゆがみをとることは、身体の内側の健やかさを保つうえで重要**になっています。

私が成功者の身体にマッサージで触れたときも、均整を感じることが多くあります。体幹がしっかりと鍛えあげられ、上半身と下半身のバランスがじつによいのです。

自分の身体のバランスは鏡を見ると確認できますが、いざ自分の姿を鏡に映すと無意識にゆがみを補整してしまうかもしれません。

ゆがみがあるのかどうかが気になる方は、ご自分の靴の左右のかかとを確認してみてください。かかとのすり減り方がちがう場合、ゆがみがある可能性があります。

ゆがみを補整するには、普段から利き手のあるほうばかりでなく、身体の左右をバランスよく使うことを心がけてみてください。

ゆがみをとるウエストのストレッチ（１６０ページ）をとり入れることもよいでしょう。

また鏡を見たとき、左右の口角が同じ高さになるよう意識することも効果的です。

接し方

相手にポジティブなエネルギーを送る接し方

社交の場でもそうですが、日常生活でもできるだけ避けるべきトピックというものがあります。

そのうちの１つ、宗教問題もデリケートな話題です。

ロンドンのお客さまはダイレクトな質問を投げかけてくることがありますが、それは「どう思う?」と意見を求めてくることであって、相手を詮索したりデリカシーのない言葉を発したりすることではありません。

Person to Person

誰しもプライバシー、つまり触れられたくない領域があります。

成功すればするほど他人に言えないことが増えてくるため、私もお客さまとの会話ではプライベートな領域に入り込みすぎないよう細心の注意をはらいます。

日本人は「空気を読む」のが得意とされ、こうしたさじ加減は上手かと思いきや、何気ない会話のなかで相手をどんどん詮索していく傾向がある気がします。

「あ、結婚していないんだ」「あ、フルタイム勤務なんだ」「子ども、あずけているんだ」と興味の枠を超えて、やや批判的な声色を帯びることもあります。

挨拶代わりに、「ちょっと顔色悪くない？」「だいじょうぶ？」という言い方もよく耳にします。相手を心配している言葉ともとれますが、知らずしらず相手を不安にさせている場合も少なくありません。

一方で、「キレイになったね」とは案外口にしません。「やせたね」「髪型変えた？」とは言うものの、それが「キレイ」の意味なのか、「そんなにやせてだいじょうぶ？」の意味なのかは測りかねます。

そのような場面に出会うと、やはり眼力と声のトーンが大切だと思います。

目の表情や声のトーン1つで、受け手の印象はまったく異なります。

お客さまがトリートメントにとても満足して帰られたとき、次回、「何かまわりの方に言われました？」とお聞きすることがあります。

すると海外のお客さまはたいてい、「帰ったら、娘が『アメージング！』って言うの！」と嬉々として話してくれます。

ところが、日本のお客さまは、「誰にも何も言われない」と答える方が少なからずいらっしゃいます。言われたとしても、「ちょっと……やせた？」という表現にとどまります。

詮索はしないけれど、賛辞は惜しまない。

文化の違いはあれども、相手にポジティブなエネルギーを送るような態度を心がけるほうが日常生活でもビジネスでも人間関係がうまくいくのではないでしょうか。

使う言葉そのものよりもプラスの感情を素直に表現することが、相手も自分も心地よくいられる秘訣ではないかと思います。

失敗したとき発揮されるユーモアのセンス

仕事でミスをしたとき、プライベートで落ち込んだとき、ユーモアは私たちを救ってくれます。

欧米人は、ウィットをもって笑いに変えるのが上手だなあといつも感心します。

相手がミスをしても反省していたら着地点を与えるというのでしょうか。

私が感じるのは、アメリカ人よりイギリス人のほうが言葉は辛辣です。フランス人はそこに皮肉が加わったりしますが、概して日常会話にユーモアがあふれています。

イギリスやフランスは時事ネタをさらりととり入れ、ユーモアにすることが多くあります。

皮肉や嫌味が込められていることもあり、日本人の私からするとなかなかきつい表現もありますが、**自分の知識をユーモアに乗せて披露している**面もあるのでしょう。もしかすると、相手の知的レベルをさりげなく試しているのかもしれません。

それでも笑いに変えることで場に親近感が生まれるのは確か。私自身もユーモアを持つことは普段から心がけています。

ある王族のお客さまのお宅へ伺ったときのこと。お客さまの愛犬のホワイトゴールデンに、突如背中にドンと飛びかかられ、前のめりに倒れてしまいました。即座にお客さまに謝られ、私が「だいじょうぶです」と言ったあと、こう告げました。

「彼はツボ押しの名人ですね。彼を雇いたいわ」

大型犬の奇襲にじつはかなりのショックと痛みもあったのですが、ぐっとがんばって笑いに変えたことで、お客さまとはその後、和やかに過ごせました。

以来、その犬には背中を見せまいとしていますが、飛びかかったあとの犬の勝ち誇ったような顔が忘れられません。

また、施術の際にお客さまに身体の様子をお伝えするときも、ユーモアを交えてお伝えするようにしています。

深い呼吸ができていないお客さまに対しては、「えら呼吸になっていますね」と伝えます。するとお客さまも、「じゃあ私、まさにマグロだわ」とユーモアで返されます。また甲羅を背負っているように背中がガチガチのお客さまには、「ガメラみたいになっていますね」とお伝えすることもあります。

そういえば、先日いらっしゃったお客さま。トリートメント後にお顔がリフトアップしたことを大変喜ばれ、「(パートナーと会ったら)僕の弟が来たってまちがえちゃうかなぁ」とユーモアたっぷりに帰られました。

そんなユーモアですが、ユーモアのセンスというものが国によって違うことも多々あるため、映画やドラマなどでそのニュアンスの違いも学ぶようにしています。

ヨーロッパのほうが若干〝オチ〟を重視される気がするのですが、いやはやユーモアセンスを身につけるのは私にはかなり遠い道のりです。

毛穴から相手に「可能性」を感じさせる

世界20ヵ国以上でビジネスを展開するスウェーデン人のアデラに、「新規採用の技術試験で重視する点は？」と質問されたことがあります。

私はすかさず「可能性がある手を持つ人をとります」と答えると、「そういうあなたも、人にとって可能性を感じさせるトリートメントを与え続けていく、それを信条にしている、ということよね」と念を押されました。

「相手に可能性を感じさせる」

これは成功している方がたびたび口にするキーワードです。「まわりの人に可能性を感じさせないと仕事は止まる」という考えがあるようです。

成功している方は、自らの可能性を広げるための努力も惜しみません。

もちろん仕事に対して真摯に取り組むことも大事ですが、さらに仕事の枠を超えた好奇心や行動力を呼び起こすおもしろい趣味を持つ方が多いようです。

たとえば、ホエールウォッチングやハイキングやトライアスロンなど。自然に触れたり身体を動かしたりしていると、そのエネルギーが自らの細胞を満たし、おのずとまわりへ伝わります。

前述の女性、アデラが楽しんでいるホエールウォッチングは、その海にクジラが出現するかどうかを天候や航路から分析するのがおもしろいそう。それには勘がものを言います。アデラいわく、「勘を働かせると、自分の潜在能力がどんどん湧き出てくるのを感じる」とのこと。

赤ちゃんは「気」に敏感と言われますが、人間はもともとこうした繊細な感覚を持っています。

「気」とは、醸し出すエネルギーやオーラのことです。ところが、デジタルに囲まれて生活していると、本来の感覚が薄れてしまいます。だからこそ大自然へ足が向かっていく方が多いようです。

さらにアデラはこう付け加えました。

「あなたの場合、毛穴から可能性を感じさせたら勝ちね」

トリートメントを行う際、お客さまは洋服を脱ぎ、むき出しの肌でこちらの「気」を感じとることになります。お客さまは国内外問わず「気」に敏感な方が非常に多くいらっしゃいます。

あるとき、トリートメント中に私が部屋を静かに出ていき、また静かに戻ってくると、眠っていたお客さまは私の気で目覚め、「殺気を感じた」などと笑いながら言われました。「殺気」とは、私のマッサージが痛いことをその方が揶揄《やゆ》した言葉ですが、それほど肌、つまり毛穴から感じとられてしまう仕事なのだと身が引き締まりました。

メジャーリーグで活躍したイチロー選手も、インタビューの流れでこんなことを言われていました。

「ネガティブな空気は毛穴から伝染しますから」

チームの成績がよくないときに、ロッカールームに長くとどまらないようにしている理由だそうです。とても興味深い言葉です。

交渉術——感情と理論の使い分け方

オリビアは人材派遣会社を経営しています。ある日、彼女とディナーをしていたとき、彼女から、ビジネスで高いポジションについている人によく見られる、ある傾向を聞きました。

それは、**人に罪悪感を持たせて優位に立とうとする人が意外にも多い**こと。

もちろんすべての人に当てはまるわけではありませんが、「この人は罪悪感を持たせる天才?」と思うほど、巧妙に相手に罪悪感を持たせるシーンに出くわすことがあるそうです。

ビジネスでは、こうした相手に立ち向かっていかねばならない場合があるでしょうから、自分の尊厳を守るためにも相手への切り返し方を学ぶことは必要だと私は思います。

オリビアいわく、そのような場合はまず先方の言うことに耳を傾けたうえで、数字やデータを挙げて、理論で応戦するのです。

ある人が感情でぶつかってきたとき、同じく感情で対抗してはならないという交渉の基本が大切である、とオリビアは言います。

かといって、交渉のうまい人が感情を一切出さずに議論を終えるかというと、そうではなく、ここぞというときに感情を出す。

絶妙なサジ加減が要求されるスキルですが、理論的だった話に「感情」というスパイスを加えると、より説得力を持たせることができるため、自分にとって優位な条件で締結しやすいということです。

発想の転換

「心配のタネ」は、実をつけずに終わることもある

Idea

「心配のタネ」という言葉があります。

人づきあいのこと、仕事のこと、「心配のタネ」を数え上げればきりがないかもしれません。

私もある心配事に悩みに悩んで、「ああ、はげてしまいそう」とか「白髪になりそ

う」と漏らしていたことがありました。イギリス人の友人クリスティーンがそんなつぶやきを聞き、「なんではげそうって言うの？　ちっともはげていないけど」と不思議そうに聞きます。

日本独自の言い回しなのでしょう。

私はなぜこのように表現したのだろうかと考えてみたところ、こんな答えになりました。

東洋医学では、髪の毛は、五臓（肝心脾肺腎）の中の腎が司《つかさど》っていると考えます。腎は生命力の源と言われている場所です。ストレスや心配事があり、気持ちが弱くなると、生きる元気がなくなってきて生命力と関係する腎の働きが低下し、髪の毛に影響する……こんなふうに連想するからでしょうか？

そんな推測を披露すると、彼女は「おもしろいわね！」と目を輝かせます。そのうえで、「でも心配のタネは、タネのまま終わるか、（心配の）実をつけるかわからないじゃない？」と続けます。そして、心配のタネはコインのように表を見るか裏を見るかで変わってくると。

「だからあなたも、もう片方の面からそれを見たらはげないわよ」とほほえみました。

ちなみにクリスティーンいわく、**心配のタネは、機知、英知、行動力の3つがあれば実をつけずに終わる**そう。だから、日頃からその3つを身につけるようがんばりなさい、ということです。その3つを身につける方法を考えただけで「はげそう」と思っている私はまだまだです……。

認めたくない相手を認める――フランス人女性が石庭に教えられたこと

「あの人だけは認めたくない」と思っている相手はいるでしょうか。

穏やかではない心情ですが、その奥には2通りの理由があるようです。

・相手のことが本当にキライ
・自分はかなわない相手だと思っている

この2つはコインのように表裏一体で、大きく化ける場所でもある。そう教えてくれたのは、フランス人のジェマです。

「**自分がイヤだなと感じるところほど、きちんと見つめることが大事よ**」とジェマは言います。

彼女は批評好きのフランス人。「イヤだと思っている相手や物事を本当に認めるなんてできるの?」と思わずたずねると、「私は認めるわ」との答え。ただし、たとえば認めたくない相手をすぐに認めようとするのはハードルが高いため、運動と同じくウォーミングアップを通して徐々に相手を受け入れていくそうです。

このウォーミングアップのヒントを得たのが、彼女の場合、有名な京都のお寺、龍《りょう》安《あん》寺《じ》の石庭でした。

当時、彼女はパートナーとも別れ、仕事も解雇され、袋小路気分で「なんで私だけがこんな目にあうのか」と思っていたそうです。

そこで、何かから逃げたくて選んだのが日本の京都。再就職のあてもないのによく京都行きを決められたものだとジェマは笑います。

まわりから「すごくいいから」とすすめられて訪れた龍安寺。第一印象は寂しい雰囲気でイヤだなと感じたそうです。それでもイヤだと感じながら通うこと1週間。少しずつ、見えなかったものが見えてきました。日の光が当たっているとき、曇っているとき、天気によって、石庭の表情が変わります。

そんな石庭を眺めながら龍安寺を歩いていると、最初は否定的に感じた場所にも、これまで気づかなかったよい部分があることに気づいていったそうです。そのときに、あらためて自分の人生を原点からみつめ直し、「なぜ自分だけが」という意識を捨てることができたと話してくれました。

この経験が、その後の仕事や子育てに役立っているとのこと。新しくできた事実婚のパートナーを見る目も変わり、認めたくない物事、認めたくない相手を受け入れられるようになり、人生がとってもラクになったそうです。とはいえ、1週間も毎日龍安寺に通うジェマ。その粘り強さは、やはりちがいます。

そして、苦手と感じる場所をあえて訪れるのも道が開ける1つのきっかけになる、とすすめられました。

基本的に気が乗らない場所には行かない私ですが、行ってみたら、ちがう景色が見えるかもしれない……。最近は、先入観をなくしてみようかなと考えるようになりました。

自分の問題と人の問題を比べると、おもしろいことが見えてくる

私の知人、シングルマザーで実業家の真由美さんは、「人生は勝つときもあれば負けるときもある」が口癖で、彼女の辞書に「失敗」の文字はありません。

「失敗」の代わりに「休憩」という言葉を使いますが、ともかく失敗を恐れるよりベストを尽くすことを選ぶ前向きな人です。

そんな彼女でも、少し疲れている時期がありました。

当時8歳のお嬢さんに、思わず「今日ね、ちょっとつらいことがあったんだ」とこぼしたそうです。するとお嬢さんが、「私のほうがつらいもん」と訴えたのだそう。

「だって今日、〇〇くんにつねられたんだよ。ママは痛みはないじゃん」

よくよく話を聞いてみると、つねられたのがショックなのではなく、つねったのが自分の好きな男の子だったことがつらかったようなのです。

母親の立場から見たら、そんな娘のほほえましい悩みも、本人にとっては心を大きく揺さぶる大事件なのです。お嬢さんの話を聞いているうちに、彼女の心はふっと軽くなり、「もっとがんばってみよう」と思えたと言います。

この一件により真由美さんが気づいたことは、**問題だと思っていることは、自分がそれを問題と思うからそうなるのであって、他の人にとっては問題にもならないという発想**でした。そして「問題と問題がぶつかり合うとおもしろいものが見えてくる」ということ。

「出来事を1つとってみても、それをどのように解釈するかで、人生は愉快で豊かなものにもつまらないものにも変化するの。その後、娘とはときどき弱音をこぼし合ったりしているのよ」と真由美さんはなんだかうれしそうに話していました。

矛盾とのつきあい方――モナコの女性がアフリカ支援で悟ったこと

問題とのつきあい方をお話ししましたが、今回は矛盾とのつきあい方を考えてみたいと思います。

この世には矛盾していることがたくさんあります。ですが、成功している方は矛盾とうまくつきあう術を持っています。

ドイツからモナコに移住されたある方は、

「矛盾とのつきあい方こそ私の人生だったわ」と振り返ります。

その方はパワフルで美しく、恋愛では「肉食」タイプ。富を手に入れると名誉がほしくなる。愛する人と結婚しても、それだけでは物足りず離婚する。彼女はそれを「自己矛盾の性《さが》」と呼んでいます。

そんな彼女は自分の心の矛盾に加え、動かし得ない世の中の矛盾があると言います。

貧困問題はその1つ。ロンドンがある程度裕福なのに対して、アフリカには大きな貧困という現実があります。

彼女は慈善家としてアフリカの子どもたちを支援していますが、アフリカの戦闘地域の近くを訪れたときのこと。今まで感じたことのない大きな恐怖を感じ、1日で身体がガチガチになり、首が動かなくなったそうです。そして耐えきれずに3日目には帰国してしまいました。

人道支援のために行ったにもかかわらず、即刻身体を壊し、何もせずに帰ってきたことは、彼女にとって、自分の信念と行動の矛盾にほかなりません。

帰国翌日に、

「こういう場合、どうすればいいと思う?」

と彼女に聞かれ、私は一瞬悩んでこう答えました。

「たとえですが、水道をひねればお水が出る地域の人と、水を得るために井戸に汲みに行く地域の人とは体力がそもそもちがうし、水に対する感じ方もちがう。爆音などもそうかもしれません。だから、仕方がないと思います。生きてきた環境のちがいではないでしょうか」

すると彼女は、「それはいい考えね」と言い、こう続けました。

「矛盾を矛盾として苦しみ悩むだけではダメよね。矛盾を感じることを根本からみつめるべきね。矛盾がどこから来たのかを含めて。矛盾を感じることと悩むことは別物。私もいろいろ葛藤してきたけれど、矛盾とのつきあい方がうまくいくと、たしかに人生はいい方向へ進むのよ」

もし今、ずっと解決できない悩みをお持ちでしたら、**もしかするとその問題は自分では悩んでも答えの出ない矛盾であるかもしれません。**

矛盾というものをみつめつつ、うまくつきあう術《すべ》を見出すこともラクになれる1つの方法かもしれない、と彼女から学びました。

「仕事で行き詰まったときは、やり続けなさい」アメリカ人キュレーターの座右の銘

MoMA（ニューヨーク近代美術館）の評議員を務めているアメリカ人キュレーターのヘレナのモットーは、「行き詰まったときほど、その仕事をやり続ける」こと。

ヘレナは、草間彌生《くさまやよい》さんをはじめとする世界的なアーティストとの親交も深く、百戦錬磨のクリエーターを相手に信頼を勝ちとってきた人です。「とにかく続けていると、絶対に目の前が明るくなるから。続けなければ、道は開けないわ」という教訓も、ヘレナが言えば説得力がちがいます。

アートやクリエーションは、壁にぶつかるのがあたりまえ。壁にぶつかって試行錯誤してこそ生まれるのです。

ですから、壁にぶつかったときこそチャンス。それを打ち破り、突き進むことで、壁の向こう側の世界を見ることができるのです。

「もし一番きついことがあったら、逆にそれに対峙《たいじ》し続ける」

こうして道を究めていった方々に出会うたび、一朝一夕には到達できないプロフェッショナルの偉大さを感じます。

ある日本の女優のお客さまがトリートメントにいらしたときのこと。

2週間前と比べ、明らかに身体の様子や表情がおかしいのです。思わず、「不自然な体勢で長時間過ごされました?」とたずねると、「そうなの、スーツケースに入れられる役だったの」とおっしゃいます。

「こんな役ばかりよ」と笑う彼女ですが、なるほど個性的な役を演じられることが多い方です。身体の変化にも合点がいきました。

彼女の仕事への向き合い方は並大抵ではありません。どんなときも、「もうこの仕事しかない」というほどの覚悟が見てとれます。頭の中から身体の隅々まで役になりきり、撮影が終わってからも役が抜けきりません。

あくまでも私の感覚ですが、女優の方々は、役が身体に残りやすい人と残りにくい人に分かれるようです。役が残りやすい人に共通するのは、「女の業」を演じられることが多い方だということ。それは日本の女優にも海外の女優にもあてはまります。悪女になろうと思って、すぐになれるものではありません。悪いことをしたら悪女、という単純な話でもありません。

先ほどの女優の方も、「悪女の裏にある業だとか性だとか、いろいろなものを出さなきゃいけないから難しいのよね」とおっしゃっていました。


成功している方々が一様に言われることがあります。

それは、「本気で仕事を好きになるには、努力や意識の積み重ねなくしてありえない」ということ。

仕事を好きになるということは、仕事の本当のおもしろさを知ることなのでしょう。そして、**仕事は続けていかないと、「本当におもしろい」と感じるところまでたどりつかない**のでしょう。それも全身全霊で打ち込んでこそ。

「あなたも仕事が好きと言うけれど、努力とかそれに賭《か》ける思いとかいろいろあるでしょ」と言われ、わが身を振り返りました。そうやってお客さまに初心に返らせてもらえることは、とてもありがたいことだと思います。

日本人の強みと弱み――マジメさだけでは広い世界を渡れない

日本ではあたりまえと思っていたことが、海外の方に褒められて、ふと日本のよさに気づく――そんな経験のある方も多いのではないでしょうか。

アメリカ人の友人男性に、「日本人には独特な感受性がある」と言われました。**日本語には、「風」1つをとっても、強風、突風、そよ風、春風など、じつに多くの表現があります。**また彼が京都の旅館に泊まったとき、「どうぞ裸足になって、木のぬくもりの感触を感じてください」と言われたことも新鮮だったようです。

「お天道様《てんとう》が見ている」という言葉もそう。「僕はキリスト教徒だけれど、日本の〝万《よろず》の神〟という考え方はとても素晴らしい」とのこと。

「日本人は働き者だし、分別はつくし、忍耐力があるし、陰の努力の仕方がいい」とベタ褒めの彼ですが、1つ苦言を呈したことがあります。

「日本人は他人からの反感の交わし方が苦手」ということです。

海外で成功している方は、他人から反感を買ったときの対処が上手です。日本人が外交下手と言われるのは、それが一因かもしれません。

陸続きであるヨーロッパは、絶えず他国からの侵略の恐怖や脅威にさらされてきました。歴史のなかで国名が変化する国も多く見受けられます。

一方日本は、歴史上ずっと日本。私はそれがとても素晴らしいことだと思います。ただ、他国間との交渉の歴史は、ヨーロッパと比べて浅いかもしれません。

また日本は農耕民族で、腸の長さは西洋人より長く、食べものの消化に時間がかかります。すなわち、東洋医学的には物事の消化にも時間がかかるということ。瞬発力を要する「反感の交わし方」が不得手に見えるのも仕方のないことかもしれません。

とはいえ、世界中の人とコミュニケーションをとることが一般的になった今、私たちも反感を買ったときの交わし方やフォローアップのテクニックを学んでおいて損はないでしょう。

ベーシックなところでは、悪口に参加しない、陰口をたたかないというものがあります。「なんだ、そんなことでいいの?」とお思いかもしれませんが、これは他人に流されない意志の強さが必要になります。その場の空気に飲まれて、ついうなずいてしまうことも避けるべきでしょう。

しかし、思いもよらず、自分の発言が相手の機嫌を損ねてしまうこともあります。そんなときも、その後の会話で、相手の自分に対する印象を変えることのできるような話術が求められます。会話上手で人との接し方にそつがない人が普段どのようにコミュニケーションをとっているのか、観察し、まねてみるのもよい方法です。

日本人は素直でマジメとか正直とかいう褒め言葉もありますが、逆にだまされやすいという場合もあります。

成功している方々は、「言葉にだまされない人が多い」と感じます。

成功するためには、魑魅魍魎《ちみもうりょう》の世界で闘うことも時には必要です。反感を交わしつつ、言葉や感情に翻弄されない自分の軸、つまりぶれない信念や価値観を持たずして、成功者として生き抜くことはできないのだなあとつくづく感じます。

お金

Money

足腰の筋力が「金力」を生む

ビジネスで大成した方の身体の特徴を考えると、足腰に関することがいくつか浮かんできます。

「筋力が金力を生む」と言いたくなるほど、力強い丹田（113ページ）、下半身をお持ちの方が多く見受けられます。

成功者には歩み続ける、挑戦し続けるという姿勢と同様に、しっかりとした体幹、足腰が必要なのかもしれません。困難を乗り越えて、頂上を目指していく姿勢でも足腰は要となります。

私の施術でも、腰まわりは時間をかけてトリートメントするパーツの1つです。

ここは全身のコントロールタワー（管制塔）ともいうべき部分で、腰まわりをしっかり整えると、ほかの部位の不調まで回復することもあります。

また、成功者の身体の特徴として挙げられるもう1つは、フットワークの軽さでしょうか。

チャンスを手にするためなら、身体を動かすことを厭いません。これは、心の余裕も併せ持っていないとできないことでしょう。

毎日、膨大なメールを処理しているある会社の代表の方は、「ここ一番」というときはメールや電話ではなく、たとえそれが海外でも、自ら相手先に赴き、目を見て話をするようにしているそうです。

忙しい代表の方がわざわざ自分に会いに来てくれたということが、相手に喜びを与えます。相手は驚き、うれしさと感激の表情になり、コミュニケーションも断然とりやすくなるそうです。

「浪費」か「投資」か――成功者はお金を払う価値があるかを常に考えている

私は部屋に花や緑を飾ることが好きです。

豪華な花束である必要はなく、部屋に一輪でも花やちょっとしたグリーンがあると、それを目にしたときに気持ちが和み、リフレッシュできます。

これをお金の観点から見てみましょう。

私には大切に思えるこの一輪の花も、数日で枯れてしまうのだからムダ遣いと思われる方も当然いらっしゃるでしょう。

おもしろいのは、同じお金の使い方でも、人によってそれが貴重と思えたり、ムダと思えたりすることです。

私はロンドンで大富豪と呼ばれる方々の施術を行うことがありますが、彼らは湯水のようにお金を使うわけではありません。

むしろ、節約すると決めたところは、5ポンド（当時約800円）でもきっちり計算をして節約する方のほうが多いのです。

アメリカでプライベートジェットの会社を運営しているマイケルにおもしろい話を聞きました。意外にも、機内食としてファストフードをオーダーする方が少なからずいるそうです。豪華なシャンパンディナーかと思いきや、ハンバーガーやピザを好んで召しあがるとか。

もちろんそれぞれの嗜好にもよるのでしょうが、興味深いことでした。

また、マイケルいわく、こういった行動の裏には、成功者たちが支払いとそのリターンを常に意識していることがうかがえるとのこと。各国の飛行機の駐機にかかる費用を細かく算出するのはもちろん、燃料コストに対してもとてもシビアだと聞きました。

支払った金額とリターンが同等と思えるのならば、プライベートジェットを使うことにさえ出し惜しみはしません。また支払った額が5年、10年と長期的に価値を生むと判断できるなら、まとまったお金を出すことをためらいません。

ですが、それがムダな消費と思えば、あえて大金をつぎ込むことはなく、また、それがたとえ少額でも節約できるように努力します。

他の例ではありますが、レディメイド（既製品）ではなく、オーダーメイドの服を選ぶのは、その質と自分の価値観が合致し、着ることに十分な意味を見出すからなのでしょう。

たとえば、既製品のスーツの場合、自分の体型に合わず肩の位置がずれると、時に相手に貧相な印象を与えてしまいます。ある男性のお客さまは、スーツの肩の位置に一際こだわっていらっしゃいました。

同じお金の使い方でも、その場かぎりの「消費」に終わることもあれば、それ以上の価値を生み出す「投資」になることもあります。同じ花を買う行為でも、ムダ遣いの「消費」に終わってしまうこともあれば、それを眺めることで気持ちをリフレッシュし、やる気を引き出す「投資」の一手段となるかもしれません。

今日のあなたのその買い物は、「消費」でしょうか、「投資」でしょうか。

意識的にチェックする習慣を持つと、お金の生かし方も身についてくると考えます。

大金持ちの、お金に対する小さいけれど深いこだわり

その人のお金に対する考え方が端的に表れるのは、お金の収まり場所、財布といえそうです。

高級ブランドの高価な財布から、簡易なマネークリップまで、財布には、その人の持つお金に対する考え方が表れているように感じます。

私が成功者たちと接していて見習いたいな、と思ったことをご紹介しましょう。

財布自体は高額なものがよいというわけではなく、清潔かつキレイな長財布型のものがよいようです。

中身もしかりで、不要なレシートやメモなどがぐちゃぐちゃと入ってパンパンにふくらんだものではなく、紙幣が入る財布とコインケースを別々にすっきりと持っている方が多いのです。

また、「財布を新調した後、数週間、お金持ちの人に財布を持っていてもらうと金運が上がる」という話を聞き、実践したのは友人の千草さん。

彼女が知っている裕福で、かつ人柄も申し分のない方に、「このお財布を1週間、家に置いておいてほしい」とお願いしたそうです。

さらに財布で金運が上がる方法として、「お金持ちの人から自分の手もとに帰ってきた財布には、まずありったけの現金（理想は100万円！）を入れておく」「金貨やゴールドカードなど金色のものを入れておく」「1000円札を折りたたんで0を並べ100万円札に見えるようにして入れておく」「お札に描かれている人物の顔を下に向けて『出ていかないで！』という思いを込めて入れておく」なども聞きました。

これらを実際に試してみて、千草さんは仕事運が上がっているのを秘かに実感しているそうです。

お金に関するおもしろい話といえば、「まわりの人に感謝することが大切」とお客さまから教わったことがあります。まわりの人に感謝すると、水を流せばその流れが波となって自分に戻ってくるかのように、お金になって戻ってくるそうです。

成功者の方々を見ていると、みなさん、小さなことにも「サンキュー」を言うことを忘れないと感じます。

メイドや運転手にも必ず心を込めて「サンキュー」と言いますし、私に対しても「朝早く（夜遅くに）来てもらってありがとう」といった細やかな気遣いを感じる「サンキュー」をいただきます。

成功者の方ほど尊大にふるまうことはなく、「してもらってあたりまえと思わない」感覚を大事にされているようです。

こんなエピソードもあります。

世界的に著名なシェフが、夫婦でオーストラリアからイギリスに移住しました。

当初は文化の違いに戸惑い、慣れない時期がありましたが、そんなとき妻の友人のアンジェラが何かと彼らを支えたそうです。

その年のクリスマス、シェフが「感謝の気持ち」とクリスマスディナーを一式誂《あつら》えてくれたとアンジェラは話します。

「クリスマスは家族で過ごすでしょ。そんなとき、彼らの家に招待してくれたのではなく、クリスマス前日にわが家に来てくれて、ゴージャスなクリスマスディナーをつくってくれたの。本当にうれしかったわ！」

また、自分が心地よく暮らすためにかかる経費をしっかり把握しておくことも重要のようです。

それこそが、**「お金に使われる人」でなく、「お金を使う人」になるための最初のステップ**だそう。

未来のなりたい自分を思い描きながら、それを実現するためにいくら必要で、またその必要なお金をどうやって生みだすか。パートナーがいる方ならば、それをどう協力して実現するかを時には話し合い、考えてみることをおすすめします。

慈善事業のたしなみ
コトを世の中に循環させる

Noblesse《ノーブレス》 Oblige《オブリージュ》――海外でよく聞かれるこの言葉は、近年、日本でも耳にすることが増えました。

世間で名の知れた人や金銭的に裕福な人は、社会的に奉仕をする義務があるという意味で解釈されています。

その一例として、イギリス王室の故ダイアナ妃やウィリアム王子の慈善活動が挙げられます。ちなみにイギリスにとどまらず、この精神を実践する成功者たちは少なくありません。

また、こうした活動にはいくつかのかかわり方があるようです。

・財産を寄付するなど資金を提供する
・慈善事業団体の顔として、総裁や広報大使などのポジションにつく

・自らが現場に赴き、実際に炊き出しや救助などの援助活動をする

私のまわりにも多額の寄付をする方や、ご子息を夏休みなどに海外のボランティア活動へ参加させる方もいらっしゃいます。

自らの肩書きを、「フィランソロピスト（慈善事業家）」としている方が、時折見られるようになりました。

ビジネスでの大きな成功や一族からの潤沢な資産をもとに、慈善事業家として小児がんなどの病気と闘う子どもたちを支援したり、女性の地位向上を目指す活動をサポートしたりと社会的な活動に尽力されています。

こうした方の根本にあるのは、富を世の中に循環させるという考え方です。

自分が多くのものを持てる立場になったからこそ、それを社会に還元させることで、社会全体をよりよく豊かにしていきたいという発想です。

私自身、幼少期に重い気管支ぜんそくを患い、将来が見えない時期がありました。

まわりの方の支えがなければ、今の私はありません。

今の自分があることに感謝の気持ちを込め、現在ロンドンの障害のある子どもたちの学校で、ボランティアでマッサージを行っています。

「まずは小さな一歩から」――ささいなことでしか今は行動できませんが、少しでもお役に立てたらと思います。

Special Beauty Lesson

セルフケア&マッサージ

ウエスト

キュッとしたウエストで、
身体の内も外も美しく

東洋医学では、「気」はおなかにたまりやすく、ストレス過多だとおなかが張りやすいといわれます。くびれのないウエストやぽっこりおなかの原因は、そんなストレス・便秘による胃腸機能の低下、前のめりな歩き方、腹筋・背筋の筋力低下などさまざま。

全身を鏡に映してウエストを観察すると、左右のラインのちがいに気づく方もいるでしょう。この左右の差は骨格や筋肉バランス、身体のゆがみの証。ウエストも左右対称のシンメトリーに整え、身体の内側も外側も整ったヘルシービューティーを目指しましょう。

ウエストラインを左右均等にしながら引き締めるマッサージ

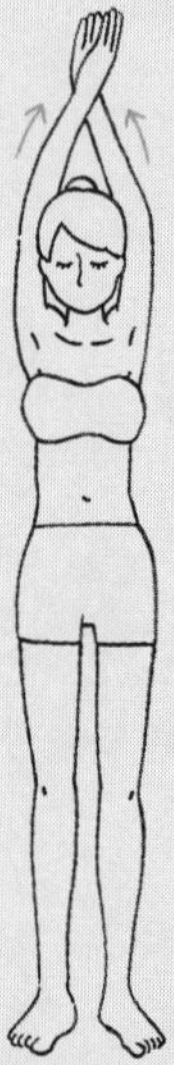

1

肩幅に足を開いて立つ。両腕を伸ばして頭上に上げ、手首を交差させて手のひらを合わせ、指先から吊り上げられているイメージで身体を上に伸ばし、息を大きく吸う。かかとは床につけたままお尻を突き出さないよう、お尻にギュッと力を入れて引き締めて。

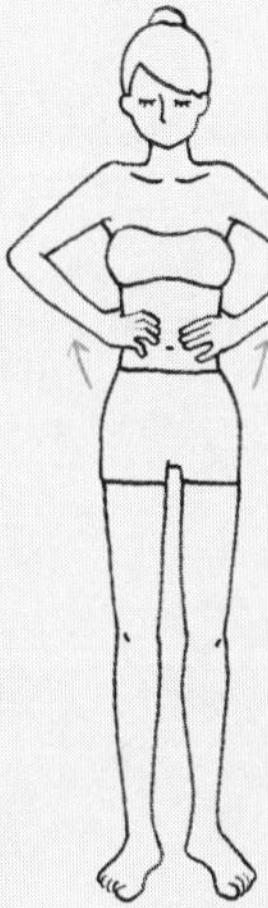

2

合わせた手のひらを離して、ゆっくりと息を吐きながら手を下ろし、肋骨の下を両手でつかむ。次に手を腰に当て、人さし指と親指の側面で肋骨を持ち上げるように、上体だけを上に伸ばす。息を吸いながら行う。

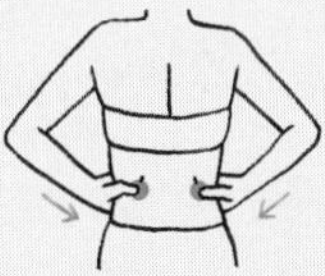

3

2の姿勢のとき親指が当たっている腰の少し上のツボを押した後、息を吐きながら手を脇腹から下腹部へ前斜め下に滑らせる。

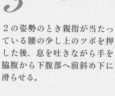

成功者の習慣 4

意識力《センス》のよい人にある「しなやかさ」と「情熱」

私

Self

大切なものは何か――
それぞれの場面で心の核《コア》を決める

あなたの人生にとって揺るぎない大事なもの、つまり「人生の核《コア》」とは何でしょうか。仕事？　家族？　子育て？　「人生のコア」は1つである必要はありません。

あるお客さまが、「この惑星で一番素敵な女性」として挙げていたのが、このお客さまの上司にあたるオーストリア人のヘレンでした。イギリス王室にも関係のある企業の会長をしている女性です。

「彼女は、最高の女性であり、母であり、妻であり、素晴らしい上司であり、ビジネスマンであり、チェアマン（統帥）なの」とお客さまはヘレンに心底敬意を抱いていらっしゃる様子。**いろいろな「顔」を持ちながら、そのすべてにヘレンならではのコアを持っている**のだそうです。

ヘレンの仕事でのコアは、いかなる人に対してもあらゆる問題に対しても、誠心誠意尽くすこと。そして「問題は絶対解決する」という強い意志で周囲から厚い信頼を得ているそうです。

ヘレンの母としてのコアは、子どもの送り迎えは必ず自分がすると決めていること。多忙を極める彼女ですが、毎日の送り迎えの時間こそが子どもとの絆を深める欠かせないものと日々話しているそうです。

たしかにヘレンのパワーは偉大で、30代にしてビジネスで素晴らしい偉業を成し遂げています。自分の軸、**コアを持っていると、どんなときも判断が揺るぎません。**自分が何を大切にして生きていくかを知っているからです。揺るがない人には、まわりを引き寄せる力があります。

一方、恋愛においては、一途に1人の人を想うことができる人と、あちこち目移りしてしまう人がいます。浮気をしてしまった人は、パートナーとの信頼関係がその人の人生のコアになっていなかったのでしょう。ただ、一時の気の迷いで浮気をしてしまい、大事なものを失っている人がいるのも事実。

恋愛、仕事、家族……それぞれの場面で何を大切にするのか、自分の心にコアを持つことが、誘惑に負けず、自分や大事な人を守ることにつながるのですね。

あるときは華に、あるときは差し色に――変幻自在を希望する有名ファッションエディター

パリでファッション誌の編集長をしているオルガは、モデル顔負けのスリムな体型の持ち主。「私の武器は洋服」と断言する、大変おしゃれな女性です。

私のもとに来られたとき、こんなリクエストをされました。

「その場の主役になる場合、すなわちその場の華になる場合と、差し色になる場合があるでしょう。どんな場合にも対応できる身体にしてほしい」

なんと難しいリクエストだろうと思いましたが、いろいろお話しするうちに方向性が見えてきました。

「TPOによって、自分を変化させる」ということなのでしょう。どう変化させるかのイメージを彼女は明確に持っているのです。

現在の彼女のキャラクターは華そのものですが、かつてあるカリスマ編集長のもとで働いていたときの印象は差し色でした。

その頃は、「編集長を支えられるような身体になりたい」と、それはもう無我夢中だったとか。今では家庭を持ち、時間も余裕ができたためか、雰囲気もかなり変わられました。

オルガはまた、こんな話もされていました。

「私たちの身体は食べたものでできているように、着ている服でもできているのよ」

食べものも洋服も自分が選択したものが人生のクオリティを決める。よって、審美眼を持ち、「自分にとっていいもの」を選ぶことが必要という教えです。

とはいえファッションとなると、流行が大きくかかわってくるのも事実。流行についてどう考えているのかを彼女に問うと、「やっぱり時代の気分は読んだほうがいいわ」との答え。でもそこで終わりではなく、「次の一手を加味することが大事」と言います。

流行の服を身にまとったうえで、どういう行動をするか――。そこに、女性らしさやしなやかさ、セクシーさをどう付け加えるかを考えていかなければならないというのです。

さて、先ほどのオルガのリクエストですが、こんな提案をさせていただきました。

「デコルテと首のラインをまず整えましょう。**デコルテは包容力を示すと同時に、自信を表します。**首の美しいラインは傾ける角度により、女性らしさと隙を演出します。そして、体幹の筋肉を整えましょう。どんな場面にも動じない意志を印象づけられる身体になります。さらに関節の可動域を広げ、筋肉の柔軟性を高め、各々の場面に柔軟に対応できる印象をつくりましょう」

施術の後はいつも彼女に喜んでいただけますが、このような難題をいただくことで自分も成長できるのだという気持ちで取り組んでいます。

もちろん、無理なリクエストに対しては「できません」と正直にお伝えしますが、基本的にどんなリクエストもまずは受け止めて、力の限り挑戦しようと思っています。

人生から引き算をすると「得られるもの」

すこし前に、ニューヨークの老齢の女性のファッションを掲載した写真集『Advanced Style ニューヨークで見つけた上級者のおしゃれスナップ』（大和書房）が話題を呼びました。

お客さまの間でも、その話題がたびたび登場したのを覚えています。お客さまのアンナは、「彼女たちを見ることで、自分がどんなふうに生きていきたいかを決められるようになったわ。人生のヒントを得られた」とうれしそうに話されます。

目標となる女性像を自分のなかで描くことができ、年齢を重ねることが不安ではなくなったそう。ニューヨークマダムたちの楽しそうに生きている様は、日本でも、特に50代から60代の女性たちを大変勇気づけたようです。

モナコ王室とも近しい関係にあるステラは60歳のお客さま。セレブリティマガジンに特集を組まれるほどの魅力ある女性です。その生き方からファッションまではみんなの憧れ。イブニングドレス姿は息をのむ美しさです。そんな彼女がトリートメントにいらっしゃるときは、シャワーを浴びてガウンをまとったノーメイク姿。

装飾の何もないところにただ1つ、赤いリップだけは欠かしません。どんなときでも女性らしさ、彼女らしさを保つその姿は私にとっても憧れです。赤いリップは、ステラになくてはならないものなのでしょう。

ステラいわく、「年を重ねたときに〝引き算〟ができるようになるには、自分にとって大切なものを知ることがカギよ」。大切なものが見えなければ、何を残し、何を引き算したらよいのかもわかりません。

彼女にとって大切なものはチャリティーで、「人生の軸であり私の守るべきもの」と言いきります。

一方、**人生から引き算しているのは無意味なディナー**。誘われたから行くというのは、若い頃までの話。仕事もプライベートも、今は優先順位がはっきりしています。

数年前、ステラはご主人を亡くされました。悲しい思いを胸に秘めながらも力強く生きてきた彼女には今、20歳以上若いボーイフレンドができ、幸せに暮らしています。

「長い間、いろいろな選択を繰り返してきたけれど、必要なものと必要のないものを見極める経験を積むと人生がよりシンプルで豊かになるのよ。そのような経験が審美眼を磨くのだと思うわ。だから、ボーイフレンドに出会ったときもすぐ大切な人になるってわかったのよ」

今、ステラが大切にしているのは、心躍るようなワクワク感。これまでにも増して美しくなられました。かつては海といえばクルーザーに乗って優雅なクルージングを楽しんでいましたが、今は彼と一緒にウォーターバイクを満喫しています。

「60になって自分の世界が広がったわ。新しいボーイフレンドのおかげよ。でもそれは亡くなった主人と積み重ねた忘れられない時間があったからこそ。バトンの受け渡しがうまくいったのね」

さらに彼女は続けます。

「主人もこうなることを望んでくれていたと感じるの。だから彼もハッピー、私もハッピー、みんなハッピーね」

どんなことがあっても生きることに前向きで、迷いや揺るぎのない言葉は、聞いていてとても清々《すがすが》しいものです。

「しなやかさ」と「情熱」を併せもつ女性に

私には、国籍を問わず女優のお客さまが多くいらっしゃいます。彼女たちからはしばしばこんなリクエストをいただきます。

「しなやかな身体にしてほしい」

しなやかさとは、柔軟で弾力性に富むさまを意味しますが、身体がしなやかだとどんな動きにも対応できるから、というのがリクエストの理由のようです。

比喩を使って、「ガソリンがスタックしている（詰まっている）から、ここのモビリティ（動き）をベターにしてほしい」と表現する方も。

たしかに女優さんは、役柄によっていろいろなしぐさや動作を要求され、ベストパフォーマンスをすべく努力されています。

日常のしぐさでも、**しなやかさは、私たちを美しく見せてくれます。**

たとえば、相手の前にあるモノを手でとるとき、ガバッとつかむのとスッと拾い上げるのとでは、その人が醸し出す雰囲気が変わります。こうした1つひとつの所作がシーンを問わず、ビジネスでも日常でもものを言います。

一方、女優のお客さまが「しなやかさ」と並んで大事にされているキーワードに「情熱」があります。

自分の軸を持ちながら、あるときはしなやかに、あるときは情熱的に。しなやかさと情熱がシーソーのように一体になっていることが、すなわち生きるセンスなのだそうです。

こだわりを持ち、軸足がぶれないことは大事です。そこにしなやかさがプラスされると、生き方にも柔軟性が出て、さらに情熱が加わることにより人生の勢いが増します。

すると、その人なりの魅力は2倍3倍と膨らんでいくのです。

40歳以降の不調は、出生時の状態が関与する？

自分が誕生したとき、どんな状態で生まれたかをご存じでしょうか。

そんな昔の話……とお思いかもしれませんが、この出生時の状態が、じつは40歳を過ぎたときの身体に影響してくるのではないかと、最近思うようになりました。

フランス人医師リチャードがある日、私にこんなことを言いました。

「40歳を過ぎて股関節に痛みがある人は、じつは難産で生まれた可能性があるんだ」

彼いわく、出産時になかなか外に出ないため、医師や助産師から足を引っ張られたというのがその理由です。そのため、難産で生まれた人ほど40歳を過ぎたら関節のストレッチをするとよいと言います。

また、へその緒が首に絡まって生まれた人のなかには、後々、首まわりが締めつけられる感覚をおぼえる人もいるようです。

ロンドンにいるヒプノセラピスト（催眠療法士）の友人アンディによると、股関節や首まわりに不調を覚える場合は、ヒプノセラピー（催眠療法）が有効とか。

もちろん、これらの意見は賛否両論ありますが、若いころに負った古傷が年を経てから再び痛みだすことがあるように、生まれたときの状態が後々の体調に影響することもあるのでしょう。


ところで、WATSU《ワッツ》というセラピーをご存じですか？　これは、日本の経絡療法に端を発するWater Shiatsuの略語です。

温水プールに浮かんで重力から解放された状態で、水の抵抗や浮力を使ったマッサージをすることにより、肉体的なマッサージ効果だけでなく瞑想状態のようになれるセラピーです。

水の中で完全に自分の心と身体を委ねるという非日常の状態になると、まるで、胎内の羊水に浮かんでいるように感じる方も多いようです。

日本では、沖縄WATSUセンターをはじめ、各地の施設で実施されていますので、ご興味のある方は試してみてはいかがでしょうか。

成功者に見る身を守るための警戒心

私がこれまでに出会った富裕層のなかには、非常に警戒心が強く、危険を回避するためにあらゆる対策をとっている方々がいます。

SPがついている方や、セルフディフェンスメソッドの資格を取得している方、電話番号やメール、SNSなどの連絡ツールを複数もっている方。さらに、「数ヵ月に一度、電話番号を変える」と決めている方までいます。

あるとき、頻繁に番号を変える理由をうかがったところ、「セキュリティのため」ときっぱり答えられました。

その方は飛行機も必ず2席とり、隣は空席にしているそうです。隣に「誰」が座るかわからないため、「何か起こってからでは遅い」と常に予防策をとっているのです。

最近よくお聞きするのが、ベビーシッターとのつきあい方です。

自宅に招き入れ、大切なわが子を託すわけですから、ベビーシッターは信頼のおける人でなくてはなりません。

しかしながら冷蔵庫を開けられ、中のものを食べられてしまった、レアな収集物を持っていかれたという話を聞いたこともあります。あるヨーロッパの女優の方は、お子さんの写真を勝手にスマホで撮られたため、すべてのデータを目の前で消去させたとおっしゃっていました。

また別の方は、「私は泊まりの仕事が多いでしょ。一晩中子どもをあずけるわけだから、時に不安になるの。ベビーシッターが帰るときに、子どもがどのような表情をするのかもヒントになるの」とおっしゃいます。防犯カメラを設置される方も少なくありません。

では、どうしたら信頼のおけるベビーシッターに出会えるか。友人や懇意のベビーシッターの紹介など、人づてや口コミがこのネット社会でもやはり主流のようです。

成功者の方々を見ていると、「自分はいつ危険に巻き込まれてもおかしくない」と

いう警戒心を持っている方が少なからずいらっしゃいます。

そのような方は、同時に対応策を考えていますが、全身を警戒心で固めているような人も、反面、心の安らぐ場所を求めています。人によって安心感をもたらす拠り所となるものは異なります。家族、パートナー、友人、ペット、趣味……。心の拠り所をみつけることも、危機回避と表裏一体で必要なのだと感じます。

社交

Sociality

初対面、相手はこんなところを見ている

初対面で、まず目にとまるところはどこでしょうか。

繰り返しになりますが、**やはり第一印象を左右するのは、私は目力だと思うのです**。意志力や知性など、その人に宿るものが見える窓となるのは、やはり「目」なのでしょう。

また、健康で快活な印象を与え、かつTPOをわきまえた装いも、その人となりを表現する大切なものです。

テレビを見ていると、ラフなTシャツ姿でメディアに登場する著名人が珍しくありません。ただ私が実際にお会いした成功者たちは、むしろオンとオフの切り替えがうまく、その豹変ぶりには目を奪われます。

オフはいつもほぼノーメイクでカジュアルな装いですが、オンのとき、たとえば重要なプレゼンの日は、メイクもバッチリ決めてプロフェッショナルで知的な出で立ちで登場します。普段の姿を知っているため、その変わりぶりにいつも感嘆します。そのときの自分がベストでいられるよう、高級ブランドからノーブランドまで、うまく着こなすセンスにはとても憧れます。

欧米の社交はある意味ビジネスをクリエイトする場でもあります。そのような社交の場で好かれる人には5つの特徴があります。

・明るく、健康的で、快活な人
・魅力的な会話ができる人
・真面目で誠実な印象のある人

・その場を心から楽しんでいる人
・気の利いた、スマートな所作のできる人

成功者ほど、この5つに当てはまる方が多いのです。

大富豪に嫁いだナディーヌ・ロスチャイルド男爵夫人が興味深いことをおっしゃっています。


「後で思い出して印象深い人ほど、何を着ていたか思い出せない」


話のおもしろさに心奪われてしまい、いつもは記憶しているはずの、その方の装いを忘れてしまっているということです。

第一印象で大事なのが「見た目」なら、その後のコミュニケーションでは話術がカギとなってくるのでしょう。

印象的な話術をするコツをいくつか挙げてみましょう。

日本でもそうですが、海外でも自分のことばかり話してしまう人は敬遠されます。

また、成功者ほど自分の家族についても自分から長々と話さないのは、それが自慢や嫌味ととられてしまうのを避けているのでしょう。

また、質問されたことに簡潔に答え、オペラやアートなどその場の雰囲気に応じた気の利いた話題を提供できます。

悪口やうわさ話に乗ってしまわない、社交の場で立ち入ったアドバイスをしない、また、ちがう社交場で聞きかじったうわさ話を本人に告げ口しないなども大切なポイントです。

「人脈」は富をふやすツール――社交の場でビジネスは動く

セレブの社交は世界が舞台です。新型コロナウイルス感染症の影響によりイベント等が中止・延期されることもありましたが、社交《ソーシャル》カレンダーを見ていくと、5月はF1のモナコグランプリ、6月はスイス・バーゼルの現代アートフェアといった具合に、名だたるアートや政治、経済のイベントとともに、その開催地でのパーティーの予定が世界中で記されています。

どのような趣向のパーティーを催すか、主催者であるホスト、ホステスの真価が試されます。パーティーで采配をふるマダムは毎回、招待客の席次に頭を悩ませ、趣向をこらし、磨きあげた自身の美しさとユーモアを交えた艶のある会話で招待客をもてなします。社交ビジネスと呼びたくなるほど、その労力は相当なものでしょう。

あるマダムは、自分の夫が持つ豪華で刺激的な人脈がどうにも惜しく、なかなか離婚に踏みきれない悩みをこぼしました。

私もロンドンで初めて社交場に赴き、貴重な経験をしたことがあります。

ある夏、私はお客さまに招かれ、ポロ観戦に行きました。ポロはイギリスの伝統的なスポーツです。試合は2チームで争われ、競技者が馬に乗りながらスティックでボールを打ち合い、ゴールに入れば得点になります。

私が行った試合では、観戦用のテントにバトラー（執事）が控え、お抱えシェフが腕をふるってくれました。ポロ競技場がセレブリティの社交の場になっている様子は、ジュリア・ロバーツ主演の映画『プリティ・ウーマン』でご覧になった方もいらっしゃるかもしれません。

すべてが初体験の私にとって、その場にいらした方々の一挙手一投足はとても勉強になり、楽しい時間を過ごさせていただきました。

ポロ観戦では、試合の合間に観客が芝の競技場に入り、スティック（マレット）で打った際にできた穴や馬が走ったあとに各所にできた穴をふさいでいくディボットストンプがあります。穴を踏みならすシンプルなことでも、1ヵ所の穴に執着してしまう人、少し踏んではちがう穴、ちがう穴とやり散らかしてしまう人、さまざまなタイプがいます。

その穴を踏みならす過程を観察することが、ビジネスの交渉をまとめるのに、じつはとても役立つとか。その人の性格が出るため、交渉時にそこで分析した事柄をとり入れるという話も聞きました。そんなちょっとした所作をビジネスに生かすことにも驚きました。

それほど社交の場にはたくさんのビジネスチャンスがあり、時にはビジネスパートナー探しの場でもあるのです。

自分のビジネスに投資をしてほしい人、新たな顧客を開拓している人……いろいろな思惑が交差します。

社交の場はコミュニケーションの場の1つ。そこでのふるまいで相手の信頼を勝ちとります。

相手の目をしっかり見た力強い握手で始まり、チョコレートや花束などちょっとしたプレゼントも忘れない。そんなスマートな所作ができる人は当然、印象に残り、それが新しいビジネスでの縁を生み出します。また会いたいと相手に思わせてしまうのです。

人疲れへの対処法――"自分を取り戻す"ために成功者がしていること

社交の場へチャンスを得るためにわざわざ出かけたのに、そこで疲れきってしまっては意味がありません。

また、せっかくの出会いの場で、気持ちに余裕がないばかりに雰囲気に水を差したり、人の揚げ足をとるような会話になってしまったりと、マイナスの印象を与えるふるまいをしては元も子もありません。

人疲れを起こさないためにはコツがあるようです。

社交の合間に、必ず家族との時間を過ごす予定を入れている方が多いようです。家族と過ごしながら、散歩やスポーツなどをし、普段の自分を取り戻す時間をつくります。また、あえて人とは会わない時間をつくり、その時間を、絵を描く、ガーデニングをするなど、手を使ったクリエイティブな趣味にあてることも有効のようです。

毎日、膨大な量のメールに追われる方々のなかには、スポーツやジムでのワークアウトに励む時間には、パソコンや携帯電話などのデバイスを一切遮断する〝デジタル断食〟をしている方もいます。

頭を空っぽにして何かに100パーセント打ち込むことは、脳にとってのある種のご褒美です。そのような時間を持つことで、身体だけでなく脳もリフレッシュすることができます。

コンサルタント会社を営むジョルジーナは、人とのコミュニケーションに疲れを感じたり、他人の言動が気になってしまうようなときには「読書をする」と言います。

以前、新しい仕事に就いたとき、とりわけフロイト、ユング、アドラーなど偉大な心理学者たちの本を読んだそうです。彼らの言葉から物事に対する考え方を学ぶと自分の考え方が偏っていることに気づき、人との関係性や事態を新しい方向からみつめ直すことができたそうです。

そして、苦手だなと思う方との接し方が変わり、人疲れしなくなってきたそうです。

エクササイズが大好きで、マラソンもするそうですが、心と身体の両面のエクササイズが人疲れへの対処力をつけるというジョルジーナの言葉には、ハッとさせられました。

感覚を磨く

今ある幸せに気づき、感謝することができるかどうか

ほしかったものを手に入れて一度は満足しても、次はあれがほしい、これもほしいと満たされないのが人間の性《さが》ではないでしょうか。

たとえば、愛する人と一緒になりたいと願い、望みどおり結婚しました。幸せを噛《か》みしめたのも束の間、次は、賃貸マンションではなくマイホームがほしいと新たな欲求が出てきます。

Sense

夢のマイホームを手に入れたとしても、手に入れたがゆえに見えてくる現実は楽しいことばかりではありません。欲は次から次に生まれ、私たちを支配しようとさえします。

お金持ちの方もそうでない方も、性別も年齢も問わず、みなさん同じように「満たされない悩み」を抱いています。

満たされる人と、満たされない人のちがいは何でしょうか。

それは、幸福をいかに享受するかではないかと思います。今ここにある幸せを感じることができる人とできない人、幸福感が持続する人としない人……。心理カウンセラーのもとを訪れても、幸せを実感できないという悩みを解決するのは決して簡単ではないと聞きました。

しかしながら、アフリカから移住してきたリンダはこう話します。

「さらに満たされたいという欲望があるからこそ、運命を変えてみようという積極的な気持ちが生まれてくるのよ」

片道3時間をかけて井戸の水を汲みに行く生活ではなく、水道の蛇口をひねっただけで水を飲みたい——これがリンダにとって根本的な最初の欲だったのです。

今、リンダはロンドンで移民としての厳しい現実と向き合いながらも、「欲をエネルギーに変えて生き抜いているわ」と笑います。アフリカに住んでいたとき、井戸に落ちて痛めた肩が今も時折痛むそうですが、その痛みさえも「自分を原点に戻し、前に進もうという気持ちにさせる原動力になる」と言いきります。

『源氏物語』にも満たされない者のもの哀しさが描かれていますが、こうした空虚感は、古代から変わらない人間としての性なのです。人間とはこういうものなのだ、と受け止めたら、少しはラクになれる気がします。

私は自分が満たされないと感じるときに、まず自分の欲を分析し、その欲が自分に何をもたらすのかを考えます。時には理性的に考えられないこともありますが、そんなときは自分にダメ出しするのではなく、「そんな自分がいてもいいよね」と受け入れるようにしています。

私たちは、水道をひねっただけで水が出てくるのがあたりまえの生活を送っていますが、リンダにはそれこそが根本的な欲求だった。私は、あらためて自分の環境に感謝しました。

上を見てもきりがないし、下を見てもきりがありません。人の欲望は無限です。

欲を受け入れつつも、自分が恵まれていると思う部分を探す。それは、衣食住の環境だったり、家族や仕事、あるいは趣味や愛犬かもしれません。

私自身、「**今、自分が置かれている環境に、まず感謝しよう**」という気持ちを持つようにしてから、ずいぶんラクになりました。

誠心誠意、向き合うことでしか「開かない扉」がある

サロンのスタッフに常々言っていることがあります。

「お客さまからいただく時間、お金は1秒1円たりとも疎かにしてはいけないし、常に誠心誠意向き合わなくてはいけない」ということです。

人と人との向き合い方の基本は、世界中どこへ行っても変わりません。誠心誠意尽くしている人ほど、最終的に不可能と思われる扉を開けているように思えます。

「私たちの人生には〝見えない扉〟がある、その扉にはカギがかかっている」

こう話すのは20年来の友人であるマーク。

マークは、どんな扉でも開ける方法は、誠心誠意、相手に尽くすことだと言います。

「そうすると、必ず応援してくれる人が出てくる。そして、扉を開けることで状況を変えることができる。その思いや態度は、どんな頑丈な強固な扉も開けてしまう。それでしか開かない扉もある」と。

私もまわりを見渡すと、誠心誠意人に向き合っている人ほど、人からも誠心誠意、向き合ってもらえる印象です。

不動産で若くして富を築いたアメリカ人女性メリッサは言いました。

「トロフィーワイフという言葉があるけれど、『若くて美しい妻』を持つことにステイタスを感じる男性は、時に女性をむなしい気持ちにさせるわね。『キレイな奥さんがいていいね』という他者評価が基準にあるから、その女性の本質に、誠心誠意、向き合っていない人が多いのよ。ところが私の友人ハリーは、3回目の結婚相手である心理学者のスザンヌが初めて誠心誠意、彼に向き合い話した結果、人が変わったように落ち着いて、癇癪《かんしゃく》もちだった性格も変わったのよ。いろいろな向き合い方があるけど、誠心誠意尽くすことで変わることもあるのね」

誠心誠意尽くす、そのプロセスが、扉を開けるカギをつくる鋳型になるのかもしれませんね。

クリエイティブな趣味は、仕事も人生も豊かにする

20代の頃、知人に誘われてある陶芸の会に参加していました。そこには日本の名だたる企業のトップたちが続々と集まり、驚いたのを覚えています。

厳しいビジネスの場に身を置く人にとって、手で何かをつくり上げる作業は、新たなる創造力と活力の源になるようです。

なかでも、一緒に陶芸をした佐藤氏の作品は衝撃的でした。その場に現れたと思ったら、土をぎゅっと握って、さっと形づくって終わり。

あっという間に完成した作品には、彼の人となりがまるごと表現されていました。並はずれた瞬発力と奇想天外な発想力を併せ持つ彼の作品を見ながら、すごい人は何をやってもすごいのだな、と若かりし頃の私は圧倒されたものです。

ビジネスは浮き沈みの激しい世界。今持っているものも、明日には突然失ってしまうかもしれません。そんな厳しい競争の世界にいるからこそ、彼らは創造力やセンスを磨くために、クリエイティブな趣味を持っているのでしょう。

今思うと、ビジネスから離れた和気あいあいとした雰囲気のなかで、土をさわりながら仲間づくりをしていたのかもしれません。

最近、外国人の間で日本の「Bonsai《ボンサイ》」が人気だと聞きますが、スペインで会社経営をするハビエも盆栽を趣味にしています。

彼いわく、「枝を切って形づくるところは、会社づくり、組織づくりに似ている」。

盆栽は人づきあいと同じく、丹精込めて向き合わなければなりませんし、1人よがりになっては調和をとることができません。そして、一枝の剪定《せんてい》で全体の姿が変わります。

盆栽とじっくり向き合う時間もまた、彼にとっては貴重なひとときなのだとか。器にこだわり、石や土の選び方から置き方に至るまで、盆栽のすべてが彼の発想を豊かにしてくれるのだと言います。

磨き抜かれた審美眼で世界をみつめる

グローバリゼーションという言葉が頻繁に使われ、いまや世界中どこへでも飛んでいくことができ、ネットで瞬時に情報が手に入るようになりました。そんな時代だからこそ、物事の善し悪しを見定める確かな審美眼を持ちたいものです。

審美眼にすぐれ、世界で活躍する人々は、どのようにセンスを磨いているのでしょうか。

ある書道家の方にこう言われました。

「日本には独自の文化と、中国など大陸から運ばれた文化、そして、大陸で培われ日本でのみ生き残っている文化とがあるでしょう。漢字、ひらがな、カタカナ、文字の1つをとっても、どのように生まれ、成り立ってきたのかを考えるのです。そのような視点で物事を分析する眼を持つと、文化の垣根を越えたさまざまな分野で審美眼が磨かれるわよ」

その言葉を受け、なぜそうなのか、どうしてそうなったのか、物事の成り立ちやその過程に興味を持ち探究熱心であり続けたい、と私も強く感じるようになりました。

同時に、**海外のものをとり入れるとき、ぽんとそのまま受け入れるのではなく、そこに一考が必要**だとも教えられました。

たとえば、スムージー。

果物や生野菜などを使った飲みものですが、一般に欧米人の方が平熱が約1度弱高いため、日本人がスムージーをとりすぎると身体を冷やしてしまいがちです。ですから私は、身体をあたためる生姜などを加えて飲むようにしています。

冷え性の方の多い日本人はヘソ出しルックなど夏の露出の多い装いにも気をつけなければなりません。

生き抜くセンス——40代に成功のピークが来るように子育てする

国内外問わずＩＴ長者と呼ばれる方々がいます。20代で成功し、その後も快進撃を続けるのは、容易なことではありません。

ＩＴの分野で成功をおさめたご主人をもつアカエナは、わが子を教育する際、「40代に成功のピークが来るように教育する」とおっしゃっていました。

どういうことかというと、「20代は若さゆえに挑戦し失敗もするかもしれない。でも、失敗はチャンスを呼ぶこともある。果敢な姿勢を持ち、30代でその経験や知識をさらに増やし、40代につなげ、そこで成功のピークが来るようにする」とのこと。

そこに焦点を当てて人生のタイムスケジュールを描き、子どもに何をどのタイミングで与えるかを考えているのです。

お子さんはまだ1歳半ですが、すでに足し算や引き算はできるそう。また、リベラルアーツ教育をしたいと言います。リベラルアーツとは、言語に関する3教科（文法、修辞学、論理学)、数学に関する4教科(算術、幾何学、天文学、音楽学)の自由7科と言われていますが、たしかにハーバード大学やスタンフォード大学などもリベラルアーツを重視しています。

たとえば、彼女はピアノかバイオリンをお子さまに学ばせたいとのこと。

「音楽を教育にとり入れることは曖昧さを受け入れ、新しい価値観に触れ、自ら考え発想する力を養う。また、外国語ができる・できないの枠を超え、世界中の人と考えや思いが通じ合える」ことが理由だそうです。

子育てはすべて思いどおりにいくものではありませんが、「若くしてお金を持ったとしても傲慢になってはいけない。お金にコントロールされてはいけない」ということは、きちんと教えていくつもりだそうです。

時に**お金は人の「軸」をずらしてしまうことがあります**。

お金持ちになると、さまざまなタイプの人が寄ってきます。なかには、だまそうとして近寄ってくる人もいるでしょう。ですから、どんな状況でも人を見る目、状況を見る目を養っておく必要があります。

私の知るかぎり、大富豪と呼ばれる方々ほど、お金で身を滅ぼしてしまうことのないよう、わが子の金銭感覚の教育に熱心な印象があります。

その教育方針の1つが、動物を飼って世話させることです。

そのためにイギリス貴族は代々、子どもに馬を与えてきたのかな、とも思います。

私のお客さまも3歳のお子さんにポニーを与え、できるだけ世話をさせています。

馬は人間の思いどおりになりません。

ブラッシングしたり掃除したりと継続的な世話が必要ですが、馬と触れ合うことで心を通わせ、相手を思いやる気持ちや想像力が育まれます。身体も鍛えられ、社交力も養われるのでしょう。

馬でなくても、カブトムシでもアサガオでもよいのです。お金では得られない宝物。そこからしか生まれない幸せや充足感があることを子どもに伝える。それはとても必要なことだと思います。

Special Beauty Lesson

セルフケア&マッサージ

ほうれい線

笑顔の習慣とマッサージでシワとさよなら

顔のシワは、表情グセなど、生活習慣に潜むクセによってできることが多いもの。顔をしかめたり眉間にシワを寄せて目を細めたりしていないか振り返ってみましょう。額周辺のシワは頭皮のハリやたるみによることも。

老けた印象を与えるほうれい線が目立つのは、加齢のせいだけではありません。表情筋の衰え、猫背、誤ったスキンケア、メイク方法など、日々の生活習慣の積み重ねも原因。普段から口角をきゅっと引き上げ、プラスして毎日のお手入れに、次のページのマッサージをとり入れてみてください。

ほうれい線を目立たなくするマッサージ

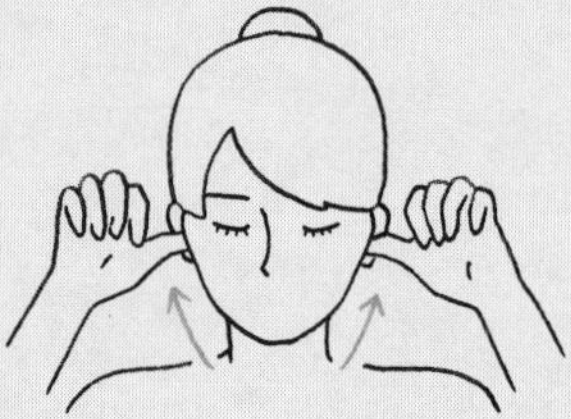

1

口を開けるときの蝶つがいの部分に親指をあて、ゆっくりと数回プッシュする。

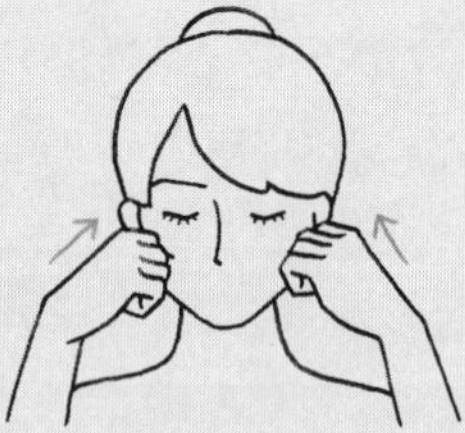

2

頬骨の下に握った手を置き、指の第二関節で頬骨を押し上げるようにプッシュする。

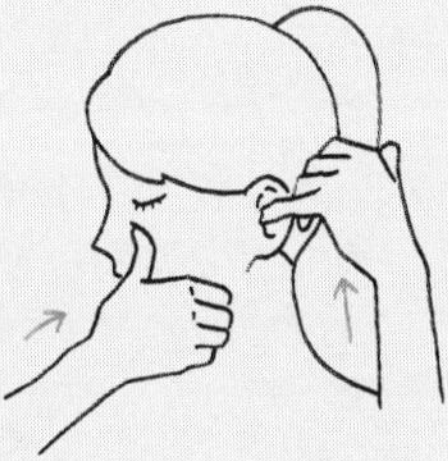

3

小指を耳の穴に入れて上に引っぱりあげながら、反対の手の親指で頬骨を押し上げる。耳の引き上げと頬骨プッシュは同じリズムで行い、連動させる。

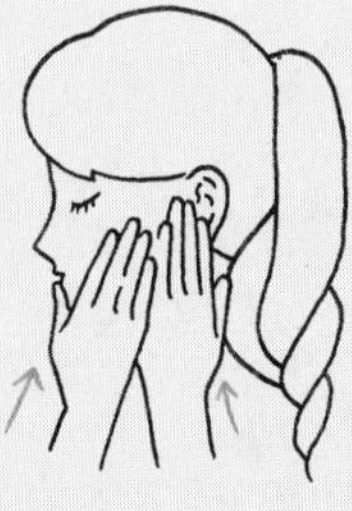

4

頬骨を両手の指の腹で下から支え、小鼻のキワからこめかみの方向にギュッギュッと押し上げる。

成功者の習慣 5

愛――「かけがえのないもの」とのつきあい方

愛

Love

パートナーのアンカー(波止場)になる

夫を手のひらで転がす妻——こう聞くと日本では、「ああ、できる妻だなあ」と思う方も多いのではないでしょうか。

しかし、海外で大きな成功を成し遂げた夫を持つ妻は、夫を手のひらで転がしません。というのは、手のひらで転がしてしまうと、夫が小さな枠のなかにはまってしまい、桁外れの成功は望めないからです。大きな成功をおさめた夫を持つ妻は、夫を大海へ放つがごとくどんどん泳がせます。大海なので制限がなく、夫は力の限りにどんどん泳いでいきます。

妻はアンカー、つまり波止場、いかりのようなもの。安心して帰れる場所があるということは、時に人をとてつもない冒険へと押し出す力を与えてくれるのです。

テニスの世界ランキングトップのノバク・ジョコビッチ選手も、

「家ではテニス選手ではなく、単なる夫であり単なる父親でいられるから、今すごく勝てている」とインタビューで話されていました。

仕事を終えて家に帰っても、気持ちの切り替えができない男性も多いと聞きます。夫が帰ってきた瞬間に、「ちょっと聞いてよ」とグチってしまうような女性では、成功者の妻とはなり得ません。自分のことしか考えられない妻に、夫は安らぎを得るどころか職場以上のストレスを感じる一方です。

投資家のご主人を持ち、家での居心地のよさにこだわるエミリアが妻としての役割を教えてくれました。彼女はご主人が帰宅したときに機嫌が悪いと悟ると、まずは黙って彼の大好物の料理をつくって並べるそう。エミリアは続けます。

「多くの社員がいて、さらにいろいろな人が彼のお金と権力を利用しようと近づいてくる。人を信じることが難しくなることも、孤独を感じる場合もあると思う。だからこそ、家族としての心のつながりをとても大事にし、彼が安心してあるがままでいられることを大切にしたいの」

妻は夫にとってホッとできる存在。夫がふっと甘えてきたら包み込む、そんな母性がある妻を持つ夫ほど成功している印象です。

できる女性は、「第一声が明るい」

アメリカの心理学者アルバート・メラビアンによると、人に与える印象の4割は声で決まります。

声のトーンなどの聴覚情報が38%、話す内容などの言語情報が7%、服装など見た目に関する視覚情報が55%の割合で、その人の印象は決まるそうです。

私も英語で話すときに、特にビジネスシーンでは声のトーンを落とし、おなかから声を出す訓練をしたほうが相手に好印象を与えやすいと言われました。

特に第一印象では、話すテンポと声のトーンが大切と。そのため、言語療法士の友人のすすめもあり、ペットボトルを口にくわえ、声をおなかから出す練習を行っていました。そのときに同時にアドバイスをもらったのが、次の3点。

① 笑顔で声を明るくする
② 明るい表情を意識する

③　相手の話すテンポに合わせる

たしかに私のまわりでよい人間関係を築いている方は、第一声が素敵です。そして、それは夫婦間でも当てはまるのではないでしょうか。

素敵なご夫婦は、夫に対して妻がいつも明るいのです。家では明るく笑っていて、自分の仕事を持ち込みません。

電話などの「第一声」が明るいことも共通しています。

たとえば、出張中の夫から電話がかかってくると、ゆっくり話せない状況でも、電話に出ると「ハーイ！」と明るく話しだします。「アイラブユー」や「サンキュー」も口に出して伝えます。

明るい妻の声を聞いていっそう、夫は安心して外で仕事ができるのです。手のひらではなく、時に声で転がし、相手をハッピーにさせるのです。

また、好印象を与えるには、相手と自分の話すバランスが、相手70％、自分30％がちょうどいいとか。

先日テレビで、初代内閣総理大臣・伊藤博文の妻の特集をしていました。

芸者さんから嫁に行き、夫を支えながら晩年は社会事業もいろいろされていたようです。家では夫の話をとにかくよく聞く方だったそうで、やはり聞き上手だったのだなと思って見ていました。

ある有名なフォトグラファーでサーファーでもある男性には、アマンダといういつも明るくハッピーな妻がいます。彼女は彼より年上ですが、アマンダと出会ってから彼は変わったそうです。たくさんの女性と浮名を流したそうですが、「僕は真のリレーションシップを知ったんだ」と彼はある日、私に言いました。そして、「毎朝、彼女の明るい『おはよう』という一声で目覚めることが、人生で一番贅沢で価値のあることだと気づいたんだ」と。

「若い頃はかなりやんちゃしたけどね」と笑う彼は、いつ会っても本当に幸せそう。アマンダに出会って彼は落ち着いたんだなとつくづく感じました。

彼いわく、「会話もスキンシップの1つだけど、夫婦でマッサージをし合うこともうまくいく秘訣だよ」。私も何組かマッサージをし合っているカップルを知っていますが、どちらか片方がするのであれば、夫が妻にマッサージをする夫婦のほうがうまくいっているようです。

20代の婚活と40代の婚活──結婚観は1つではない

ステップアップ婚という言葉を聞いたことがありますか。

ヨーロッパでは時折聞く言葉で、階段を上がっていくように、結婚の目的が変わっていくことを指します。1回目でお金、2回目で名誉、3回目で本当の愛というようように。もちろん、「目的」だけが結婚の理由ではないかもしれませんが、最初にこの言葉を聞いたときは驚きました。

ある日、私にお客さまがこんなことを言われました。

「結婚に対して構えすぎの人が多いのよ。1回してみてダメだったら、2回目があるじゃない」

これを聞いて、なるほどと思いました。もちろん結婚は1回で終わりたいですし、ステップアップ婚に興味もありません。

しかしながら、私が異文化に触れることが好きなのは、このように自分の枠を超えた新鮮な発想を得て視野がパーッと広がるからです。

先述しましたが、日本でも欧米でも「婚活」という言葉はよく耳にします。

「婚活」において大事なのは、「自分の武器を分析すること」と、私の友人で結婚相談所に勤務した経験のあるゆうこさんは言います。

たとえば**20代の女性なら、若さも武器の1つ**だと。

30代ならばどんな武器があるでしょう。

彼女によれば、**「30代は前半と後半で変わるから切り替えが大切」**と言います。

特に30代後半からは、女性に焦りが見えやすいため、それを見せないことが肝心のようです。自分を卑下せず、また20代のときの経験に固執せずキラキラと明るく、そして相手に自分といるとホッとする印象を与えるのが大切とか。

では40代の武器とは何でしょう。

40代女性だからこそ出せる匂い立つような魅力があります。

「若さや肌のハリで20代の女性と競おうとしたり、逆に引け目を感じたりしている人がいますが、40代だからこその武器を備えることが大事」とゆうこさん。

40代になると、自分が確立されて譲れないことが増えてくるため、あえて日常の生活パターンを変えることも効果的だそうです。たとえば山登りのグループに入るなど、今まで敬遠していたことに挑戦してみることが大切とか。

私の友人かおるさんは、若さとは別の魅力は海外のほうが発揮されやすいと感じ、40歳にしてフランスに短期留学しました。すると間もなく、今の夫となる男性と出会いました。

仕事でも私生活でも子育てでも、自分を観察し分析することを怠らずにいれば、道は見えてくると思います。

運命の出会いは探さないときに見つかるもの――趣味が縁をつなぐ

マキさんは以前ロンドン在住で、今は日本で暮らしています。彼女は、鳥類が大好きで、「鳥オタク」と言っていいほどでした。

ロンドンに行く前、日本では、友人からはちょっとマニアックに見られていたのですが、ロンドンではこのマニアックさが「おもしろい」と重宝がられ、日本で少し喪失しかけていた自信を取り戻せたそう。

彼女は特に渡り鳥に興味があり、あるとき、日本では見られない珍鳥を見るために、スコットランドで催された野鳥の会に参加しました。

その会にたまたま参加していた日本人男性と知り合い、あっという間に恋に落ち、結婚したのです。

マキさんは「人生はわからない」と言います。

彼女はイギリスの永住権を持ち、ロンドンでキャリアを積んでいましたが、40歳を越えた頃から、将来どちらの国に住むか心底悩んでいたそうです。

そんなときに今のご主人と出会いました。

結果、日本に帰国しましたが、彼女は「本当に奇跡のような出会いだった」と振り返ります。

彼女は表立って婚活をしていたわけではありませんが、「**突き詰めた趣味は奇跡を起こす**」と話すマキさんの顔は、幸福感で満ちあふれています。

女性ホルモンに合わせた心と身体の整え方

イライラ、怒り、悲しみ、落ち込み……自分の感情をコントロールするのは容易ではありません。こうした感情とつきあううえで、女性ホルモンの周期を指標にすると、私自身とてもラクに過ごすことができるようになりました。

では、女性ホルモンにどのように着目すればよいのでしょうか。

・生理中……特に最初の2～3日はハードな仕事は入れない
・生理終了後……もっとも心身のバランスがとれ、フットワークが軽い。感覚的な能力が発揮されやすく、やる気も高い。積極的に行動に移す
・排卵後～生理開始までの黄体期……PMS（月経前症候群）に陥りやすいこの時期は、計算的な仕事、緻密な仕事を入れないようにする

私はいつもこんなふうに分析し、手帳に書きとめ、仕事の効率や成果、感情を客観的に見る時間をつくるようにしています。

通常、3ヵ月経つと、物事に執着するホルモンは薄まると言われています。失恋の痛手から逃れられない人は、「この感情は3ヵ月限定のホルモンのせい」と考えるとラクになるのではないでしょうか。

このようなときは、ハーブティーを飲んだり、リラックス効果の高い香りを生活にとり入れたりすることをおすすめしています。

時間の経過とともに、燃えるような恋も、じつは単なる執着にすぎなかった、と我に返ることがあるかもしれません。潔く手放してみれば、新しい恋のチャンスがめぐってきたりします。

女性の心と身体はホルモンに支配されていると言っても過言ではありません。

私が日頃から施術のなかで行っている漢方やツボなど、東洋医学概論も交えたアドバイスは、西洋の方には新鮮かつ説得力をもって受け入れられているようです。

「不調と向き合う観点が変わり、ラクになった」と言われます。

このように、自分の心身の状態をホルモンの視点で見ると、ＱＯＬ（生活の質。物質的な豊かさだけでなく、精神面を含めた生活全体の豊かさ）も向上しやすく、生きやすくなると思います。

ホルモンバランスを崩すと、免疫系にも作用し、メンタルにも影響しますから、上手にコントロールすることが大切なのです。

私は心身ともにつらいときほど、感情を無理にコントロールしようとするのではなく、理論的、生物学的な視点で自分の内面をみつめたほうが気持ちを安定させやすいと日々感じています。

家族

Family

身近な人と、よい関係を築くためのコツ

誰しも人に踏み込まれたくないプライバシーを持っています。それが家族という身近な存在であっても、自分の大切とする領域には土足で踏み込まれたくないもの。パートナーに対して、子どもに対して、プライバシーを尊重する態度をお持ちの方のほうが仕事もプライベートもうまくいっている印象です。

しかしながら、逆にプライバシーを尊重しすぎて相手に誤解されているケースもあります。

気遣いの範囲を越えて関与しない、関心を持たない――そんな姿勢では、愛情があるとしても相手にきちんと伝わりません。

人とのコミュニケーション手段が多岐にわたるこの時代だからこそ、難しいことなのかもしれませんが、成功している方は、こうした距離感をうまくとっている方が多いと感じます。

うまくいっている夫婦は、パートナーをよく観察しています。

「彼はこういうことをしたら喜ぶだろう」

「彼女はこういうことをされたらイヤだろう」

こうした相手の気持ちを把握したうえで自然に接することができる人は素敵だなと思います。

私の身近にいるお手本となる夫婦といえば……手前味噌のようですが、私の両親です。母の処し方にはいつもさすがと感心します。

たとえば、母が父の希望していた置き時計を買ってきた日のこと。

希望していた時計の条件はクリアしているにもかかわらず、「なんでこんなもの買ってきたんだ」と父が母に怒ったのです。虫の居所も悪かったのでしょう。「険悪になってもすべきことは必ずする」が信条の母は、普段どおり食事を準備し、重たい空気で食卓を囲みました。

父は徐々に反省し、翌朝はすっかり機嫌を直しました。「おはよう」と母に声をかけ、「昨日は言いすぎた」と言うと、母は置き時計の電池を外して父にこう伝えたのです。

「私の心も、この時計と同じように止まりました」

母の言葉に父はすっかり反省し、あらためて謝ったのでした。

母は言います、「ユーモアも大切よ」と。父の性格を知っているからこそ、母は感情にまかせず上手にもっていく。2人は50年以上連れ添い、今でもとてもよい関係を築き、深く愛し合っています。

両親がお互いを思いやる姿を見るのは娘としても幸せだと実感すると同時に、夫婦のあり方をみつめる勉強にもなります。

自分の価値観を押しつけない子育て

妻や夫のプライバシーを尊重してはいても、血のつながったわが子のプライバシーにはつい首を突っ込んでしまう――子どもを心配するが故ですが、無意識に子どもを自分の分身として扱ってしまっている親も少なくありません。

ところが**成功している人ほど、「子どもは自分とはちがう他者なのだ。1人の個人として接するべきなのだ」と意識しています。**

しかし、親という立場で子どもを教育することと、子どもを自分と対等の人間と見て接することの間には、悩みや葛藤も生じます。

中東出身の友人女性アズマは、子どもが友達と上手にコミュニケーションをとることができない点を心配していました。カウンセラーに相談したり、他のサポートを得るべく手を尽くしたようですが、「アズマが思うような成果」は上がりませんでした。自分の問題を解決する際にとってきた方法が、子どもには通じなかったのです。

「自分自身の欠落した部分は、どう補えばいいかわかっている。でも、子どもは自分とはちがう他者なのだから、まずはあるがままに受け入れなければならない」と彼女は話していました。自分の価値観を押しつけることなく、子どもの成長をうまくサポートできるように、と彼女は常に意識しているのです。

またベジタリアンのお客さまキャロルは、自分の食生活のポリシーを子どもに求めていいものかを悩まれています。

「自分の生活をよくすることだと思っているものが、子どもにとってもよいことかはわからない。子どもには子どもの人生があるから」

彼女は、全寮制の寄宿学校《ボーディングスクール》を卒業した夫のすすめもあり、子どもが小学生になったら、そこに通わせるつもりでいます。寮で提供される食事が食生活の基本となるわけですから、ベジタリアンでは恐らく生きていけないのでは？　という悩みもあるようです。

親が、自分のポリシーと子どもの教育のはざまで葛藤し、悩み考えているうちに、子どもはどんどん成長していきます。でもキャロルは言います。

「子育てで感じる葛藤は自分を成長させてくれる。答えを出すまでの過程こそがとても大切だ」と。

お金持ちが〝成功者〟とはかぎらない――
笑顔を大切にするある家族の話

私はイギリスの養護施設で、身体の不自由な方々やそのご家族にボランティアでマッサージをしています。

その活動のなかで、ある障害をもつ男の子とそのご家族と出会いました。その男の子は麻痺が進行し、顔の一部と頭しか動かすことができず、意思の疎通が難しい状態でした。しかしご家族は、彼のわずかな目の動きで彼の心持ちを判断することができるそうです。

「今、一番難しいのが息子を笑わせることなの」

とお母さんは言いました。

以前、ご夫婦が彼を抱きかかえながらトランポリンをしていたときのこと。ジャンプをすると彼の脳が振動を感じとるとわかり、結果それが彼の喜びにつながることを発見したそうです。ただそれも、彼が成長するにつれて難しくなってきたため、トランポリンに代わる何かを思案していました。そこで、新たな刺激として目から入る美しい朝日を思いつきました。彼が喜ぶことは何だろうと日々考えながら、ある日、ご夫婦は彼をキャンピングカーに乗せてキャンプへ向かったそうです。

そのときの様子をお母さんはとても幸せそうに語ってくれました。

「息子が数ヵ月ぶりに笑ってくれたの。人生でこんなにうれしいことはないわ」

他人がどう思うかはまったく関係なく、自分の心が深い喜びに満ちあふれた状態こそが成功であると教えられました。

そのご家族は、彼の兄弟の反抗期も笑わせることで乗り越えたそうです。いつも笑顔で明るく過ごすことが幸せを引き寄せるのだと私はあらためて教わりました。「自分がさせていただけることを」と始めたボランティアですが、何かを与える以上に、私が多大なものを与えられていると実感します。

成功の定義は千差万別です。

しかし共通して言えることは、**いつも笑顔でいることは成功を語るうえで絶対外せないということ。**

笑うことは、人間だけに与えられた特権です。声を出し、顔をくしゃくしゃにして笑うことは、人間として生まれた素晴らしい証です。

次に、どんなにつらく厳しい状況にあっても、プラスにとらえる考え方ができる素敵な女性のお話をご紹介しましょう。

彼女は、紛争の絶えない危険な地域で難民救済にあたられています。現地で15歳の老犬を飼っているのですが、耳がほとんど聞こえないそうです。

そんな愛犬について「耳が聞こえなくてかわいそう」と思うのではなく、「爆撃音が聞こえなくてよかったわ」と安堵されていました。

彼女はどんなときも、このポジティブマインドを忘れません。あるときは、「危険なところに行けば行くほどお休みが長くもらえるでしょ。だから、そちらのほうがいいわ」とほほえんでいました。

まさしく過酷な場所で生きていくにふさわしいメンタルの持ち主です。環境も物事もとらえ方1つで幸せにも不幸にもなる——。すなわち、誰でも感じ方1つで幸せになれるのだと彼女は教えてくれました。

時間

Time

朝時間、夜時間の過ごし方——その積み重ねが人生を変える

日本でも「朝活」を実践される方が増えているようです。

こちらのエグゼクティブたちにも朝を有効活用される方が多くいます。

早朝出勤したり、ジムでのワークアウトに当てたり、メディテーション（瞑想）の時間を設けたりしているようです。

私の場合、朝はエクササイズをして軽くマッサージをしたあと、メディテーションをし、1日のやるべきことを書き出して優先順位をつけます。

ちょっとした習慣ですが、これを行うのと行わないのとでは、その後の1日の生産性が劇的に変わるのを実感できます。

朝といえば、「**お金に関することは朝に考えるといい**」とおっしゃる方が私のお客さまにはじつに多いのです。

夜にお金に関することを考え出すと、いろいろな不安や迷いが生じてしまい、なかなか寝つけなくなるというのが理由でしょうか。そもそも朝型の方が多いからかもしれません。

たしかにちゃんと睡眠をとった朝のほうが意思決定も早くでき、冷静に判断できるのでしょう。

昼間とはちがった過ごし方で、夜を有効活用される方もいます。

太陽の高い時間はバリバリと仕事をこなし、日が沈むと、携帯電話やインターネットの電源をシャットアウト。家族や友人とのくつろいだディナー、あるいは1人で読書や瞑想をされる方もいます。

「夜は家族のためにある」と言いきる方がいます。

不動産ビジネスをされているロバートは、ビジネスにおいて生産性のある判断を下すためにも、自らの〝モード〟を仕事からプライベートへと切り替え、芯からリラックスできる時間を意識的につくることが大切と話します。

仕事上、自ら決定する事柄の連続で、イエス・ノーの返事や質問への回答など絶えずアウトプットしている感覚になるそうです。そのため、家ではあえて意思決定を基本的に奥さまにまかせています。職場と家でのリズムのちがいがあることで、とてもリラックスできるそう。

夜の過ごし方次第で、翌日の仕事のパフォーマンスが変わるのだとおっしゃいます。

私の知人には政情の不安な国から来た方もいます。明日どうなるかわからないからこそ、「できなければ、また明日」という思考パターンは捨て、今日1日でやり終える思考パターン、行動パターンを身につけているそうです。朝も夜もなく一瞬一瞬を本気で生き抜こうとする姿勢です。

彼女といると、1分1秒たりともムダにしてはいけないと気づかされ、自らを戒めています。

「時は金なり」ということわざがありますが、時間への考え方、生かし方次第で人生は大きく変わるのだ、と実感しています。

「自分の常識」から自由になる——異国への旅と読書

スコットランド人の知人に、お母さまを失った悲しみが長らく癒えない方がいました。

自身の宗教の教えを心のうちで繰り返してみても気持ちは晴れず、友人たちも心配していろいろなアドバイスをくれたそうですが、なお悲しみは深くなるばかり。そんななか、たまたま知った、アジアのある地域の死者への弔い方、向き合い方が彼女の心の救いとなり、ようやく母親の死を受け入れることができたそうです。

自分の文化からは得られない答えが、他の文化から得られるかもしれない——このような視点で外国の文化やアイデアをうまくとり入れている方がいます。

若くして成功したお客さままで、施術にいらっしゃるたびに、自身のフィジカルな悩みをこと細かく質問される方がいるのですが、私の東洋的な発想が、彼女にとって思いもよらなかった気づきにつながるそうです。

過去の経験や知識を総動員しても解決できない悩みをお持ちの方、自分が今属しているところに疎外感、違和感のある方は、異文化に接してみると思わぬ解決法がみつかるかもしれません。

これを簡単に実践できるおすすめの方法は、読書と一人旅です。

本はもっとも身近なメンターであり、新たな考えをもたらしてくれるものです。また一人旅も自分自身と向き合いながら、新たな文化や価値観に触れるよい機会になります。

成功者にとって、バカンスはがんばった自分へのご褒美でもありますが、同時に新たなビジネスへの社交場でもあります。

その点、一人旅は社交ではなく、純粋に自分と向き合える場所であり、新たなアイデアを生み出す場所。そんな一人旅を、多忙な仕事の合間の活力として利用する方は多くいらっしゃいます。

私自身も旅に救われた1人です。

私は、日本と海外の都市を行き来しながらお客さまの施術をする生活を何年も続けています。その合間に、講演や執筆などの仕事が入るため、長年、「休む」ということに無頓着になっていました。

働き者の日本人にとって、休日返上で仕事をすることは特に珍しいことではありません。しかし、欧米ではハードな仕事をしているビジネスマンほど、必要な休暇はしっかりとって大切な家族や友人と過ごし、次なる仕事に向けてエネルギーをチャージするメリハリのある生活を送っています。

そんな友人たちからは、「實希子は働きすぎよ。仕事も大事だけど、世界はとても広いの。もっと旅をしたほうがいいわ」といつも言われていました。

ありがたいことに健康で、また毎日の仕事も充実していたため、アドバイスにうなずきつつも休む必要性を感じていなかったのかもしれません。そんな私でも、昨年の夏、仕事と移動のハードスケジュールに息苦しさを感じることがありました。

そこで、思いきって長い休暇をとりました。アイルランドの大自然を訪れ、ハイキングをしたり、ゆっくりと食事を楽しんだり……。携帯電話の電源も切り、騒々しい日常から離れることで、心も身体もほぐれて深い充足感が得られ、みるみる活力が湧いてきました。

そして、「日本人の常識」に縛られ、それになんの違和感も覚えずに日々を過ごしてきた自分に気づきました。特に秘境の世界遺産、スケリッグ・マイケル島へ上陸できたことは、奇跡のようにも感じ、とても感動的でした。

一歩足を踏み出すと、世界は格段に広がるのです。

成功者たちが話す旅の重要性を、身をもって実感した貴重な旅となりました。そして、この旅は私の人生のターニングポイントとなったのでした。

おわりに

ノックをし続けると、いつか扉は開く！

先日、10年ぶりにニューヨークを訪れました。

前回はアメリカ人の友人に連れられて行ったレストラン1つでさえ、足を踏み入れるのにドキドキしたものです。「大都会のニューヨークにいるなんて！」と興奮と感動に包まれたのを覚えています。

ロンドンを拠点に仕事する10年を経て、ひさしぶりに見たニューヨークの景色はちがって見えました。今回は自分の力で仕事のために訪れたニューヨーク。この街に自分の足で戻って来た——そんな感慨がありました。

「階段を昇ると、景色は変わる」

お客さまがたびたびおっしゃっていたことですが、ニューヨークでそれを再確認したのです。

世界各国のお客さまと触れ合い、いろいろな言葉をかけていただくうちに、現在も途上ではありますが、一歩ずつ階段を昇ることができていると感じます。

これまで仕事でもプライベートでも、きつい時期が多々ありました。

今つくづく思うのは、どんなときにも努力し続け、時機・チャンスを待てる人間でありたいということです。チャンスを待つためには、あきらめず扉をノックし続けることが大事、ということも。

成功者の方を見ていると、ノックをし続け、扉が開いた瞬間、ほしかったものが1つ手に入るのではなく、2つ3つと、同時にいくつも目の前に現れることが多いようです。

一気にことが動く、というのでしょうか。

人は、夢や希望やほしいものを思い描き、手に入れることを望んでいますが、いざ手に入るとそこで満足してしまいがち。ですが、成功者ほど、手に入ったときにどう行動するかを考えているようです。

私は、確信していることがあります。それは、

「今、目の前に起きていることは、よいことでも悪いことでもない」

ということ。

よい・悪いを決めるのは自分自身。どんなに悪いと思えても、5年後に素晴らしいことに変わっているかもしれませんし、逆によいことに思えても明日はどうなるか誰もわからないのです。

起きていることすべてを人のせいにせず、自分自身の夢を描き、努力し、自分を信じ、行動し続ける――これまでお会いした成功者の方々にそう教えられました。

本書に登場される方は、プライバシー保護のため、仮名、あるいは仮設定とさせていただきました。いずれにせよ、私にとって、かけがえのない方々であることに変わりはありません。

そして彼らから教えられた、もう1つの大切なこと。それは、「感謝の心」です。今、私がここにあるのはまわりの方々のおかげです。ごく小さなご縁だった方でも、この先どこでまためぐりあうかわかりません。すべての方に感謝を忘れず、一歩一歩あゆんでいきたいと思います。

あらためて、本書をお読みくださった方へ。本当にありがとうございます。みなさまにとって、夢に近づくための1冊になれば幸いです。

早野實希子

文庫化にあたって

文庫版『成功者の習慣』を手に取っていただき、ありがとうございます。

本書が刊行されてから今に至るまで、社会にこれまでにない大きな変化がありました。

3年になろうとするコロナ禍で、私たちの生活は大きく変わりました。外出もままならず、海外旅行はもちろん、実家への帰省や国内旅行や休日の友人とのお出かけも自粛を余儀なくされました。仕事でもリモートワークへの対応を始め、さまざまな制約が課せられました。

そしてウクライナへのロシアの侵攻。現時点では日本にいる私たちに過度の影響は出ていませんが、世界経済の不安定さは先が読めない状況です。

こんなときは何をやっても無駄と無力感に苛まれがちです。経験したことのない事態ですから無理はないと思います。新しい出会いの機会も、新たなチャレンジもしにくい状況です。

でも、私はこんなときだからこそチャンスだ、と言いたいのです。自分のすべてを見直し、棚卸しして体勢を立て直し、次のステップに移り、飛躍するときなのです。

家で過ごす時間が長かったとき、毎日の生活のディテールを意識しませんでしたか？ 毎日口にするもの、睡眠、運動、スキンケアなど、自分に対する自分の行動の積み重ねが今の自分、未来の自分を作るのです。対人関係も同じ。習慣や惰性の付き合いがなくなった分、自分にとって何が大切かを理解するいい機会だったのではないでしょうか。

やっと行動の制約が減ってきた今、コロナ禍の際に見直した自分の優先順位を再度確認し、前に進むために何をすべきか、を具体化して進んでいけるときなのです。

近著『生き抜く人がしている68のこと』でも書きましたが、成功しているお客様は、常にリスクを意識し、危機管理のために何をすべきかを具体的に予測し、計画、実行しています。

成功者も常に成功しているわけではありません。失敗を糧にしているからこそ、うまくいかないとき、そして平常時に何をし、どう備えるかを常に考えているのです。

すべてが小さなことの積み重ねです。今日、今できることを確実に実行すること。成功も輝かしい未来も、すべてそこから始まります。

大きな夢や希望を実現するために、今からスタートする気持ちで新たな時代に向かっていきたいものです。この本が少しでもその助けになれば幸いです。

本作品は小社より二〇一六年四月に刊行された『世界一予約の取れない美容家だけが知っている　成功者たちの「極意」』を改題し、再編集して文庫化したものです。

早野實希子（はやの・みきこ）

東京薬科大学薬学部卒業。北里大学東洋医学総合研究所勤務後、同研究所名誉所長大塚恭男氏に師事、漢方の研鑽を積む。London Institute、London college of Fashion にて美容・健康学に関する英国上級国家資格を取得。International Traditional Herbal Medicine and Aromatherapy にて GABRIEL MOJAY 氏に師事し、IFPA 認定アロマセラピストなど、美容健康学に関する10以上の資格を取得。2007年 ABSOLU HERBEEN TOKYO（現 Lyvolvant）オープン。2013年エリザベス女王の主治医が主宰する会員制高級スパ複合施設「Grace Belgravia（グレース・ベルグラヴィア）」にて唯一のアジア人として施術を開始。2020年ロンドンの五つ星ホテルで England's Best Hotel Spa 2019 at the World Spa Awards に輝く「The Lanesborough Club & Spa（レンズボロークラブ&スパ）」にて MIKIKO HAYANO TEAM としてトリートメント開始。

著書に『早野実希子の連動マッサージ美の宝箱』（講談社）、『生き抜く人がしている68の行動』（大和書房）など。

https://lyvolvant.com/

だいわ文庫

世界一《せかいいち》予約《よやく》のとれない美容家《セラピスト》だけが知《し》っている
成功者《せいこうしゃ》の習慣《しゅうかん》

著者　早野《はやの》實《み》希《き》子《こ》

二〇二二年六月一五日第一刷発行

発行者　佐藤　靖

発行所　大和《だいわ》書房
東京都文京区関口一-三三-四　〒一一二-〇〇一四
電話　〇三-三二〇三-四五一一

フォーマットデザイン　鈴木成一デザイン室

本文デザイン　あんバターオフィス

本文イラスト　モドロカ

編集協力　門馬聖子

本文印刷　シナノ　カバー印刷　山一印刷

製本　ナショナル製本

ISBN978-4-479-32018-0

乱丁本・落丁本はお取り替えいたします。

http://www.daiwashobo.co.jp